AF366063

COLLECTION-
PROF. VILHELM BERGSÖE

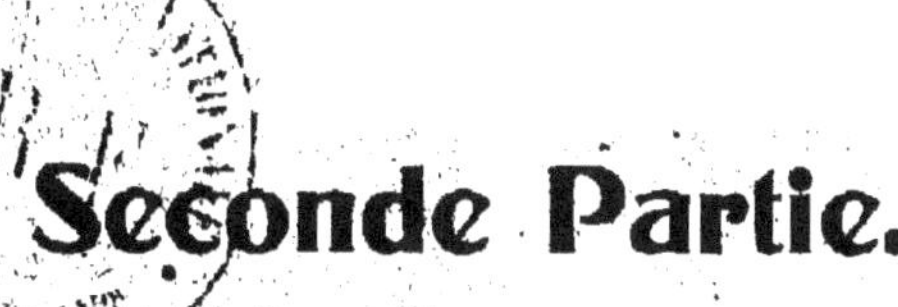

Seconde Partie.

Monnaies et Médailles de Canada, des Etats Unis de l'Amérique, du Mexique, de l'Amérique Centrale, des Indes Occidentales, du Brésil etc. Supplément aux monnaies de l'Asie, de Afrique et de l'Australie et Bibliothèque Numismatique avec 12 planches.

VENTE à AMSTERDAM, le 28 Septembre 1903 et jours suivants sous la direction et au bureau de l'Expert J. SCHULMAN Keizersgracht 448. . . . .

COLLECTION

Prof. VILHELM BERGSÖE à Copenhague.

SECONDE PARTIE.

MONNAIES ET MÉDAILLES

DE GROËNLAND, NEW-FOUNDLAND, CANADA,
LES ETATS UNIS DE L'AMÉRIQUE AVANT ET APRÈS LA
GUERRE D'INDÉPENDANCE, MEXIQUE, GUATEMALA, COSTA RICA,
NICARAGUA, HONDURAS, SAN SALVADOR, SAN DOMINGO,
HAÏTI, LES COLONIES EUROPÉENNES AUX INDES OCCIDENTALES,
VENEZUELA, COLUMBIA, ECUADOR, BRÉSIL SOUS LES
HOLLANDAIS, LES PORTUGAIS ET COMME EMPIRE, PÉROU,
BOLIVIA, CHILE, ARGENTINA, URUGUAY, PARAGUAY.
SUPPLÉMENT AU CAT. BERGSÖE I,
INDES NEERLANDAISES, INDES ANGLAISES ET ETATS
INDÉPENDANTS, GOA, AFRIQUE, AUSTRALIE,
BIBLIOTHÈQUE NUMISMATIQUE.

AVEC 12 PLANCHES.

Dont la vente aura lieu à **Amsterdam** sous la direction et aux bureau de

l'Expert J. SCHULMAN, Keizersgracht 448.

**Le Lundi 28, Mardi 29, Mercredi 30 SEPTEMBRE 1903
et Vendredi 2 OCTOBRE à 10$^1/_2$ heures du matin.**

LE SUPPLÉMENT

**et les Livres numismatiques du No. 2000 jusqu'a la Fin seront
vendus le Vendredi 2 Octobre à 10$^1/_2$ heures du matin.**

**EXPOSITION le Vendredi 25 et Samedi 26 Septembre de
10 heures du matin à 4 heures de l'après midi.**

Conditions de la Vente.

La vente se fera au comptant en Florins et Cents des Pays-Bas.

Les acquéreurs payeront 10% ensus des enchères, comme cela est de coutume en Hollande.

L'Expert se charge gratuitement des ordres qu'on voudra bien lui confier.

La conservation des pièces est rigoureusement indiquée par **F.d.c.** fleur de coin, **t.b.c.** très bien conservé, **b.c.** bien conservé, **a.b.c.** assez bien conservé.

Dans le cas ou une contestation s'élève sur deux enchères, l'objet sera remis immédiatement en vente.

L'Expert se réserve le droit de réunir ou de diviser les lots.

L'Expert garantit l'authenticité des Monnaies et Médailles sauf indication contraire.

EXPOSITION:

Vendredi 25 et **Samedi 26 Septembre** de 10 heures du matin à **4** heures d'après midi.

La liste imprimée authentique des prix, paraitra après la vente et sera envoyé sur demande, au prix d'un Florin.

Un nombre très restreint du catalogue de la première partie avec la liste authentique des prix est à la desposition des amateurs au prix de fl 2.—.

AMÉRIQUE.

C ITATIONS.

F. Die Jules Fonrobert'sche Sammlung Ueberseeischer Münzen und Medaillen.

B. C. Wyllys Betts. American Colonial History illus trated by contemporary Medals.

L. Joseph Leroux. Le Medailler du Canada. 2me édition.

I. Colonies Danoises dans l'Amérique Septentrionale.

Groënland.

1 **Christian VII. Piastre.** 1771. CHRISTIANVS . VII . D . G . DAN .
NOR . VAN . GOT . REX. Ecusson couronné. Rev. GLORIA . EX .
AMORE . PATRIÆ. Les armoiries de Danemarc et de Norvègue entre
deux colonnes couronnées, dans la mer trois iles. *Island, Gronland, Fero.*
F. 1. Rare. Ar. gr. 27. Superbe.
Voir la réproduction.

2 — **Piastre.** 1777. Même type. F. 2. Fort rare. Ar. gr. 27. Superbe.

Mines de Crysolithe à Ivigtut.

3 La mine **Oresunt,** marque de 1 RD (1 Rigsdaler), 48, 16, 4 et 1 Skilling.
mm. 30. 6 ps. Zinc.

4 La mine **Ivigtut,** marques de 100, 85, 70, 10, 6 et 1 Ore. 7 ps. Zinc.

5 **Mêmes marques.** 100, 85, 10, 5 et 1 Ore. 4 ps. Zinc.

6 **Insigne des Inspecteurs de Gröenland,** vers 1870. Ecusson couronné à
l'ours assis.

7 **Petite médaille** au buste de l'explorateur **Fridtjof Nansen.** Rev. GRöN-
LAND F¨RSTE GANG. GJENNEM VANDRET. 1888. Ae. F.d.c.

Colonies britanniques dans l'Amérique. Septentrionale.

The Dominion of Canada.

I. Canada sous la domination française.

8   1720. **Livre** de la série de **John Law.** Buste lauré de Louis XV. Rev. Huit L posés en croix L. 254c. Beau et rare

9   1721. Monnaie de Cuivre fr. à la Rochelle. L. 253. Ae. t.b.c.

10   1751. Jeton au buste de Louis XV par Duvivier. Rev. Sauvage près d'une plantation SUB . OMNI . SIDERE . CRESCUNT . L. 255. Ae. t.b.c.

11   1755. Jeton au buste de Louis XV. Rev. Navire NON VILIUS AVREA. F. 8. L. 282. Ae. t.b.c.

12   1758. Prise **d'Oswego.** Méd. au buste de Louis XV. Rev. WESEL . OSWEGO . PORTMAHON à l'ex. EXPUG . Sᴛᴮ DAVIDIS ARCE ET SOLO ÆQUATA. Betts. L. 308a. Ar. gr. 11. Superbe et extr. rare.

II. Canade sous les Anglais.

13   **New Foundland.** 1762. Médaille par Holtzhey sur la prise de **New foundland** par les Anglais et les négociations de paix **d'Augsbourg.** Indien armé retenant une Victoire portant la Paix près d'une colonne aux armoiries de la France et de l'Angleterre F. 200. Betts 442. Suppl. à van Loon 365. Ar. gr. 27.8.

14   1870. **Half Dollar** (50 Cents) au buste lauré de Victoria sous le buste NEWFOUNDLAND. L. 311. Ar. t.b.c.

15   Même pièce de 1872, 73 et 76 L. 311. Ar. 3 pièces. t.b.c.

16   Même pièce de 1881 et 82. 2 ps. L. 311. Ar. Belles.

17   Même pièce de 1882 H sous la date. L. 311. Ar. Belle.

18   20 Cents au même type de 1865, 73 et 81. L. 312. 3 ps. Ar. t.b.c.

19   20 Cents même type de 1882, H sous la date Ar. Belle.

20   10 Cents même type. de 1865, 76 et 82 L. 313. 3 ps. Ar. t.b.c.

21   5 Cents, même type, de 1865, 70. 73 et 82 L. 314. 4 ps. Ar. t.b.c.

22   Cent de 1865 et 72 L. 315. Ae. 2 ps. Belles.

23   1841. **Halfpenny!** Rutherford, St. John, même pièce sans date. L. 319 et 320. 2 ps. Ae. t.b.c.

24 1846. Même pièce. F. 321. Ae. t.b.c.

25   **Prince Edward Island** 1871. **Cent,** au buste couronné de Victoria. F. 352. Ae. t.b.c.

26   1855. **Token** PRINCE EDWARD'S ISLAND . L. 353. Ae. t.b.c.

27   1855. **Token** PRINCE EDWARD . ISLAND . L. 354. Ae. t.b.c.

28   1855. **One Cent.** Fisheries and Agriculture. L. 355. Ae. t.b.c.

29 1857. **Token** comme L. 354. date inconnue à Leroux. Ae. t.b.c.

30 S.d. Token Success to the fisheries. L. 357. Ae. t.b.c.

31 **New Brunswick**. Victoria 20 Cents de 1862 et 64. L. 370. 2 ps. Ar. belles.

32 — 1862 et 1864 10 Cents et 5 Cents de 1862. L. 371 et 272. 3 ps. Ar. t.b.c.

33 — Cent et Half Cent de 1861. L 377 et 378 (rare) 2 ps. Ae. t.b.c.

34 Penny et Halfpenny Token de 1843, Penny et Halfpenny Currency de 1854, Cent et Half Cent de 1861. L 373—378. 6 ps. Ae. t.b.c.

35 **Nova Scotia**. Halfpenny de 1823 au buste de **William IV**. L. 410—412. 3 ps. Ae. Belles.

36 Penny et Halfpenny de 1831. L. 413 et 417. 2 ps. Ae. b.c.

37 — Penny et Halfpenny au même buste de 1832. L 419, 421, 422 et 424. 4 ps. Ae. t.b.c.

38 — Penny et Halfpenny à la tête de Victoria de 1840 et 1843. L. 427 et 428. 4 ps Ae. t.b.c.

39 — Penny et Halfpenny au tige de fleurs de 1856. L. 429 et 430. 2 ps. Ae t.b.c.

40 — Cent et Half Cent de 1861 et 1864. L. 432 et 33. 4 ps. Ae. t.b.c.

41 — Halfpenny token de 1814 *Broke Halifax* L. 435, *Carrit & Alport* L. 447. *Hosterman & Etter* L. 449. 3 ps. Ae. t.b.c.

42 — Halfpenny token de 1815. *John Alex[r]. Barry*. L. 444. *Hosterman & Etter* L. 450. *Starr y Shannon* L. 452, 3 ps. Ae. t.b.c.

43 — *Token* sans date *J. Brown* L. 446 et de 1820 à la Hibernia assise L. 442. 2 ps. Ae. t.b.c.

44 **Magdalen Island**. 1815. Penny token au Morue et au Phoque. L. 495. Ae. Beau.

45 — Même pièce. Ae. t.b.c.

Bas Canada.

46 **Halfpenny Canada**. 1830 et 41. L. 503. **Halfpenny Token**, rev. navire. L. 504. 3 ps. Rares. Ae. t.b.c.

47 s.d. *Banque du Peuple. Montreal*. Sou. L. 508 et 509. 2 ps. Ae. t b.c.

48 1837. Un Sou sur le ruban Banque du peuple, au Canadien deb. L. 506. Ae. b.c.

49 — Un Sou, même type sur le ruban *Bank of Montreal*. L. 512. Ae. t.b.c.

50 1842. Penny et Halfpenny. 1844. Halfpenny à la maison de Banque de Montreal. L. 515 et 516. 3 ps. Ae. t.b.c.

51 s.d. Token au bouquet, avec Un Sous. L. 517 et 520. 2 ps. Ae. t.b.c.

52 1837. Penny et Halfpenny du *City Bank* au Canadien. L. 528 et 529. 2 ps. Ae. t.b.c.

53 — Penny et Halfpenny du *Quebec Bank*. L. 530 et 531. 2 ps. Ae. t.b.c.

54 1852. Penny et Halfpenny aux armoiries de la ville de Quebec. L. 532 et 533. 2 ps. Ae. t.b.c.

55 Sou des patriotes de 1837. L. 540, 542, 546, 547. 4 ps. Ae. t.b.c.

56 Deux pièces, même type. L. 541. Ae. t.b.c.

57 Deux pièces, même type, légèrement variées. L. 554 et 568. Ae. t.b.c.

58 **Montreal. Token** de *T. S. Brown* L. 573 et **Quebec, Token** de *J. Shaw en C°.* L. 580. 2 ps. Ae. t.b.c.

59 *Montreal & Lachine railroad Company.* Marque avec trou rond pour les Indiens. Locomotive et Castor. Ler. 600. Ae. Rare. t.b.c.

60 1759. Médaille au buste lauré de **George II** sur la prise de **Quebec.** L. 861. Br. doré. Belle.

Haut Canada.

61 **Pennytoken** de 1850, 52 et 54. L. 694 au St. George à cheval. Ae. 3 ps. belles.

62 **Halfpennytoken,** même type de 1850, 52, 54 et 57. L. 695. 4 ps. Ae. belles.

63 1816. **Jeton.** *Sir Isaac Brock the Hero of Upper Canada,.* L. 682. Ae. t.b.c.

64 1804. **Bank of England Dollar au buste de George III.** Fonr. 20 et 22. 2 ps. var. Ar. t.b.c.

65 **Halfpennytoken** de 1820 et 33. L. 684 et 687. 2 ps. Ae. t.b.c.

66 **Halfpenny** de 1811. *Vincit Amor patriae.* Fonr. 23. Penny 1820. ONE PENNY TOKEN. Fonr. 57. 2 ps. Ae. t.b.c.

67 **Canada.** Monnaies officielles. 1822. Série complète, $^1/_2$, $^1/_4$. $^1/_8$ et $^1/_{16}$ Dollar. L. 760—763. 4 ps. Ar. t.b.c.

68 — 1823. $^1/_{50}$ *Dollar* au buste lauré de **George IV.** L. 764. *Essai.* Ae. Superbe. Extr. rare.

69 — 1823. $^1/_{100}$ *Dollar,* même type. L. 765. Essai. Ae. Superbe Extr. rare.

70 1812. Penny et **Halfpenny** token au buste lauré, et **Halfpenny au Mercure** assis. L. 768—70, 772 et 774 (2 var.) 7 ps. Ae. t.b.c.

71 1813. **Penny** et **Halfpenny** au thercure assis. L. 775 et 777, au navire L. 776, à l'aigle L. 781, au buste du Marquis Wellington L. 800, au buste de Wellington et ses Victoires L. 850 et 811. 8 ps. Ae. t.b.c.

72 1814. **Halfpenny** token au buste de Wellington L. 800. à l'aigle L. 781 au monogr. *R. H.* L. 779, 3 ps. Ae. t.b.c.

73 1815. **Halfpennytoken** au buste du roi. L. 439, au buste de Wellington L. 804 et au navire L. 774. 3 ps. Ae. t.b.c.

74 Sans date. **Penny** token au buste de Wellington VIMIERA e c. Rev. COSSACK—PENNY TOKEN. Russe à cheval. L. 805. Ae. Rare t.b.c.

75 — **Halfpenny.** *For public accomodation.* L. 504. *Pure copper* etc. L. 791, a l'homme debout L. 792, au laboureur L. 793. Ships colonies L. 793. 5 ps. Ae. t.b.c.

76 1830. **Halfpenny** inédit. Buste du roi GOD : SAVE : THE : KING 1830. Rev. FOR — PUBLICK — ACCOMODATION. Ae. b.c.

77 1838. **Penny** au buste à g. Rev. Mercure assis. L. 789. Ae. t.b.c.

78 Médaille sur la prise de **Louisbourg** 1758, par Pingo. L. 857. Br. Belle et rare.

79 1829. Médaille au buste du roi **Guillaume I** des **Pays-Bas** arbitre entre l'Amérique et l'Angleterre au sujet du Canada. L. 830. Ar. gr. 28. Belle. *Rare en argent.*

80 — Même médaille en bronze. L. 830. Belle.

81 **Canada.** Monnaies officielles, émission de 1858. **20, 10** et **5 Cents,** L. 900—902 à la tête laurée de Victoria. 3 ps. Ar. t.b.c.

82 — **Cent** de 1859, L. 903. Ae. 2 Ex. t.b.c.

83 — Emission de 1870 au buste couronné 50, 25, 10 et 5 Cents. L. 950—
953. 4 ps. Ar. t.b.c.

84 — 1871. Même série. L. 950—953. 4 ps. Ar. t b.c.

85 — 1872. Même série. L. 950—953. 4 ps. Ar, t.b.c.

86 — 1874. 25, 10 et 5 Cents. L. 951—953. 3 ps. Ar. t.b.c.

87 — 1880. 10 Cents de 1880. Ar. t.b.c.

88 — 1881. 25, 10 et 5 Cents. 3 ps. Ar, t.b.c.

89 — 1885. 5 Cents. Ar. t.b.c.

90 — 1886. 25 Cents. Ar. t.b.c.

91 — 1891. 10 Cents. Ar. t.b.c.

92 — Cent de 1876 et 1882. L 955. 2 ps. Ae. t.b.c.

Les Etats Unis de l'Amérique.

A. Comme Colonie britannique et guerre d'indépendance.

93 1670. **Colonization Medal** aux bustes superposés de **Charles II** et de
Catharine de Portugal. Betts n. 43. Ar. gr. 345. Belle.

94 — Même pièce Ar. gr. 325. t.b c.

95 1778. German peace medal. Betts 560. Etain. t.b.c.

96 1779. **Rhode Island,** méd. avec inscriptions hollandaises. Betts 562. van
Loon Supple. 537. Ae. Belle.

97 Même pièce. Ae. t.b.c.

98 1780. *Treaty of Neutrality.* Méd. aux armoiries de la **Russie, Suède,
Danemarc et Holland.** Betts 572. Ar. gr. 11.5. t.b.c.

99 1781. Même sujet. Méd aux mêmes armoiries. DE KOOPVAARDY GE-
TERGT DOOR BRITSCHEN EUVELMOED. Betts 573. van Loon Suppl.
553. Ar. gr. 10. Belle et rare.

100 — **Escape of the Dutch fishing fleet.** *Jacob van der Wint — ter bevei-
liging van Schepen en volk.* Betts 574. F. 327. Suppl 554. Ar. gr. 10.5.
t.b.c. troué.

101 — Combat près de **Doggersbank,** belle médaille evec noms des Capi-
taines hollandais v. Loon Suppl. 562. F. 332. Betts 589. Ar. gr. 28. Belle.

102 — Même sujet. *Hoezee de Brit ruimt zee.* v. L. Suppl. 563. Betts 588.
Ar. gr. 10.5. t.b.c.

103 — Même sujet, méd. de la ville d'Amsterdam. *Pas Koomt de Vloot in
Zee.* F. 333. Betts 590. v. L Suppl. 564a. Ar. gr. 5. Belle.

104 — *Battle of Doggersbank.* Mort du Contre-Amiral **Wolter Johan, Baron
Bentinck.** v. L. Suppl. 565. Betts 587. Ar gr. 29. Superbe.

105 — Capture of **St. Eustatia,** méd. au buste du Contre Amiral **Wilhelm
Crul.** Betts 531 Suppl. 556. Ar. gr. 32. Belle.

106 **Loss of St. Eustatia by the Dutch.** Mijne erfdeelen zijn tot andere over-
gegaan etc. Betts 599 Suppl. 569. Ar. gr. 12.5. Belle et rare.

107 — Médaille sur la bataille de **Cowpens,** le général William Washington
à cheval. Fonr. 6172. Betts 594. Br F.d.c.

108 1782. John Adams envoyé des Etats Unis reçu en Frise. F. 339. Betts
602. Suppl. 572. Ar gr. 30. Belle médaille.

109 — Superbe médaille, l'indépendance des Etats Unis reconnu par la Hollande. Betts 603. Suppl. 573 Ar. gr. 28. Rare.

110 — *Treaty of Commerce between Holland and the United States.* Belle méd. par ordre de la ville d'Amsterdam. Betts 601. Suppele 575. Ar. gr. 27. Belle.

111 *Holland declares America free.* Belle méd. par Lageman. Betts 607. Suppl. 574. Ar. gr. 14. Belle.

112 1781. LIBERTAS AMERICANA. *The independance of America Recognized.* Belle médaille par Dupré. Betts 615. Rare. Br. F.d.c.

113 — Même pièce. Br. t b.c.

114 1796. Médaille hollandaise, gravée sur le revers d'un ducaton, prime américaine tiré par L, J. Ar. gr. 27.5
Voir la réproduction.

B. Monnaies frappées sous les gouvernements Anglais et Français pour les divers Etats des Etats-Unis.

115 **Massachusetts** sous les Anglais. 1652. **Pine tree Shilling.** Fonr. 2032. Ar. t.b.c.

116 1652. **Pine tree Shilling.** Fonr. 2044. Ar. b.c.

117 — Pine tree Shilling. Fonr. 2033 droit a.b.c. rev. t.b.c. Ar. var. avec NEW . ENGLAND ∴ AN.

118 — **Oak tree Shilling.** Fonr. 2047. Ar. t.b.c.

119 — **Oak tree Sixpence.** F. 2052. Fort rare. Ar. b.c. troué.

120 1662. Ook tree Twopence. F. 2053. Fort rare. Ar. b c. troué.

121 James II. Farthing, sans date. VEL 24 PART REAL HISPAN. Et. t.b.c.

122 **New York** (sous les Anglais vers 1675). Cent ? NEW YORKE IN AMERICA ✿ Aigle. Amor et Venus sous des palmes. F. 2713. Extr. rare. Laiton. a b.c.

123 **North Carolina** (sous les Anglais). Halfpenny, vers 1694. Elephant courant à g. Rev. armoiries de Londres. God Preserve London. F. 3729. Ae. Beau et rare.

124 **Louisiana. Louis XV.** 1721 et 22. Sou aux deux L en sautoir. F. 1938 et 39. 2 ps. Ae. t.b.c.

125 **Gouvernement anglais.** 1722. *Rosa Americana.* **Penny.** F. 230. Ae. b.c.

126 — *Rosa Americana* Penny. F. 239. Laiton. b.c.

127 — *Rosa Americana* **Halfpenny** avec ROSA AMERICANA etc. F. 233. Ae. a.bc.

128 — *Rosa Americana.* **Halfpenny** avec ROSA AMERI . UTILE DULCI. Inédite. Fausse.

129 1723. *Rosa Americana* **2 Pence.** F. 236. Laiton. t.b.c.

130 — *Rosa Americana* **Penny.** F. 238 Laiton. t.b.c.

131 — **Woodhalfpenny.** F. 240. Ae. 2 variétés. t.b.c.

132 — *Wood* **Farthing.** Fonr. 241. Ae. t.b c.

133 1733. *Rosa Americana* **Two Pence** au buste lauré de George II à g. Rev. rose avec sa feuille sous une couronne. Inédite. Coulée.

134 **Florida** (sous les Anglais). 1763. Médaille sur le jubilé de 200 ans de l'érection du capitale St. Augustine en 1563 par les Espagnols. Ecusson couronné de Florida dans un cartouche roccoco. en haut FORTV NANTE

DEO . en bas 12—63 (pour 15—63) AD HUC DUM FLORIDA FLORET.
Rev. en 9 lignes. PRO FELICI REIP. SECVRITATE etc. Extrêmement
rare. Ar. gr. 7.　　　*Voir la réproduction.*
Manque à Betts et Fonrobert.

135 **Pennsylvania** (sous les Anglais). 1766.. Penny (Pitt Token). Buste de
Pitt en perruque à g. Rev. Navire à trois mats, à dr. dans le ch.
AMERICA. F. 4915. Ae. t.b.c. Fort rare.

136 **Virginia** (sous les Anglais). George III. 1773. Halfpenny. Fonr. 5260.
Ae. b.c.

137 Même pièce, fr. en essai. Br. Superbe.

138 Même pièce. Fonr. 5262. Ae. t.b.c.

C. Monnaies des Etats séparés ou Unis de l'Amérique avant l'émission des monnaies à la tête de la Liberté en 1793.

139 1781. North American Token. Rev. *Commerce.* Fonr. 337. Ae. b.c.

140 1783 Nova Constellatio Cent. F. 348. Ae. Beau.

141 — Même pièce. F. 348. Ae. b.c.

142 — Même pièce. F. 349. Ae. t.b.c.

143 — Même pièce. Sans US dans le champ. b.c.

144 — *Washington* Cent, date sous le buste. F. 351. Ae. t.b.c.

145 s.d. *Double head Washington* Cent. F. 313. Ae. b.c.

146 1785. *Nova Constellatio* Cent. F. 355. Ae. b.c.

147 **Annapolis.** 1783. ONE ·:· SCHILLING. Armoiries Rev. I. CHALMERS
ANNAPOLIS. F. 2021. Ar. troué mais t.b.c. Extr. rare.

148 **Connecticut.** 1786. Cent au buste à g. Fonr. 1488. t.b.c.

149 1787. Cent, buste à dr. F. 1490. Ae troué. a.b.c.

150 — Cent buste à g. 3 pièces variées. 2 belles et t.b c.

151 1788. Cent buste à g. Ae. t.b.c.

152 Deux Cents avec date illisible. Ae. a b.c.

153 **New Yersey.** 1786. Cent. var. de F. 2636. Ae. t.b.c.

154 1787. Cent. NOVA CÆSAREA. F. 2639. Ae. t.b.c.

155 — Cent pareil, seulement les deux oreilles sous C. Ae. t.b.c.

156 1788. Cent avec M × NOVA × CÆSAREA ⊛ manque à Fonr. Ae. t.b.c

157 Cent avec date illisible. Ae. a.b.c.

158 **New York.** 1787. Cent, avec la Liberté assise à dr., manque à Fonr.
Ae. b.c.　　　*Voir la réproduction.*

159 **Vermont.** 1785. Cent, la date effacée. F. 5222. Ae. b.c.

160 — 1786. Cent au même type, droit b.c., rev. a.b.c. Fonr. 5233.

161 — 1688. Cent avec AUCTORE — VERMON et la Liberté assise à g.
var. de F. 5258. Ae b.c.

162 **Massachusetts.** 1787. Cent. F. 2059. Ae. t.b.c.

163 — 1788. Cent avec huit flêches. F. 2061. Ae. t.b.c.

164 — Cent avec neuf flêches. F. 2062. Ae. t.b.c.

165 — Cent avec sept flêches, manque à Fonr. Ae. t.b.c.

-166 1787. *Business* Cent. F. 360. Ae. t.b.c.

167 — Même pièce. F. 360. Ae. b.c.

168 1791. *Washington* Cent date sous le buste. Extr. rare. F. 363. Ae. Beau.
169 — Même pièce. Extr. rare. Ae. t.b.c.
170 1792. **Halfdime.** *Essai.* LIB PAR OF SCIENCE & INDUSTRY. Tête de
     Martha Washington ? à g. Rev. UNI STATES OF AMERICA HALF
     DISME. Aigle F. 367. Ar. t.b.c. Rare.
171 **Kentucky. Halfpenny** s.d. (1791) aux quinze étoiles avec les initiales
     des Etats tinis de l'Amérique. F. 1986. Ae. t.b.c.
172 — Même pièce, à la tranche striée. Ae. t.b.c.

D. Monnaies à la tête de la Liberté.

173 1793. Cent. Tête de la Liberté avec cheveux flottants. sous la tête
     branche avec trois feuilles. F. 371. Fort rare. Ae. t.b.c.
174 1794. **Half Dollar.** Buste avec des cheveux flottants. F. 378. Ar. b.c.
175 — **Half dime,** même type. F. 379. Rare. Ar. t.b.c.
176 — Cent. Tête de la Liberté devant une lance portant bonnet de la
     Liberté. F. 381. Ae. t.b.c.
177 — Cent, même type. F. 382. Ae. t.b.c.
178 — Cent, même type. F. 383 et 384. 2 ps. Ae. b.c.
179 — Cent, même type. F. 384. Ae. t.b.c.
180 — **Half Cent,** même type. F. 385. Ae. b.c.
181 1795. **Dollar.** Tête de la Liberté avec cheveux flottants. Rev. Aigle à
     g. tourné à dr. F. 389. Ar. Beau.
182 — **Dollar** pareil. F. 390. Ar. Beau.
183 — **Dollar,** la chevelure tenu par un ruban. F. 391. Ar. t.b.c.
184 — **Dollar,** même type, légèrement varié. Ar. b.c.
185 — **Half Dollar,** type de n. 181. F. 392. Ar. t.b.c.
186 — **Half Dollar,** même type. F. 393. Ar. b.c.
187 — **Half dime,** même type. F. 395. Ar. t.b.c.
188 — **Half dime,** même type, variété de gravure. Ar. b.c.
189 — Cent, Comme n. 176. F. 397. Ae. t.b.c.
190 — Cent, même type. F. 398. Ae. t.b c.
191 — **Half Cent,** même type. F. 400. Rare. Ae. b.c.
192 — Même pièce. F. 401. Rare. Ae. t.b.c.
193 1796. Dollar. F. 404. Variétè avec * * CENTS * * Sur la tranche. Ar. t.b.c.
194 — Cent, type de 1794. F. 409. Ae. a.b.c.
195 — Cent. Sans le bonnet. F. 410. Ae. a.b.c.
196 1797. **Halfdime** avec 8 et 7 étoiles. F. 417. Ar. b.c.
197 — **Halfdime** avec 9 et 7 étoiles. F. 418. Ar. b.c.
198 — Cent comme n. 195. F. 419. Ae. Beau.
199 — Cent légèrement varié. Ae. b.c.
200 1798. **Dollar.** F. 424. Ar. t.b.c.
201 — **Dollar,** légèrement varié. F. 425. Ar. t.b.c.
202 — **Dollar** autre variété. F. 426. Ar. t.b.c.
203 — Cent. F. 429. Ae. Beau.
204 — Cent. F. 429. Ae. t.b.c.

205 — **Cent.** F. 480. 2 var. Ae. b.c.

206 1799. **Dollar.** F. 431. Ar. t.b.c

207 — **Dollar,** variété inédite avec 8 et 5 étoiles. Rare. Ar. t.b.c.

208 — **Dollar.** F. 432. Ar. t b.c.

209 1800. **Half Eagle (5 Dollar).** Buste drapé de femme, coiffé du bonnet de la Liberté. Comparez F. 421 (de 1798). Or. Superbe.

210 — **Dollar.** F. 434. Ar. b.c.

211 — **Dime.** F. 436. Rare. Ar. t.b.c.

212 — **Halfdime** même type, manque à Fonr. Ar. b.c.

213 — **Cent,** date surfrappée sur un cent de 1798. F. 438 Ae. b.c.

214 — **Cent,** date non surfrappée F. 439. Ae. b.c.

215 1800. **Halfcent.** F. 439. Ae. b.c.

216 1801. **Cent.** F. 446. Ae. a.b.c.

217 1802. **Dollar.** F. 449. Ar. b.c.

218 — **Cent.** F. 452. Ae. t.b.c. (3)

219 — **Cent** avec $\frac{1}{000}$. F. 453. Ae. Beau.

220 1803. **Half-Eagle,** frappé en cuivre, avec traces de dorure. F. 456. Ae. a.b.c.

221 — **Half Dollar.** F. 460. Ae. t.b.c.

222 — **Cent.** F. 464 et 467. 2 ps. Ae. t.b.c.

223 — **Cent** avec ONE CENT. F. 466. Ae. Beau.

224 — **Cent** pareil, estampillé de *Gooding* dans un carré. Ae. a.b.c.

225 — **Halfcent.** F. 468. Rare. Ae. b.c.

226 1804. **Half Cent.** F. 478. Ae. t.b.c. (2)

227 — **Même pièce,** sans point sur CENT. Ae. t.b.c.

228 1805. **Half-Eagle** au buste avec bonnet, manque à Fonrobert, type de F. n. 421. Or. Superbe.

229 — **Half Dollar.** F. 474 avec trou rebouché. Ar. a.b.c.

230 — **Quarter Dollar.** F. 475. Ar. b.c.

231 — **Même pièce,** légèrement variée. Ar. b.c.

232 — **Dime.** F. 476. Ar. t.b.c.

233 — **Cent.** F. 477. Ae. t.b.c. (2 var) **Half Cent.** F. 478. a.b.c.

234 1806. **Half Dollar.** F. 480. Ar. t.b.c.

235 — **Half Dollar.** F. 481, fr. sur coin brisé. Ar. t.b.c.

236 — **Quarter Dollar.** F. 483. Ar. t.b.c.

237 — **Cent.** F. 486. Ae. t.b.c.

338 — **Half Cent.** F. 487. Ar. Beau.

239 1807. **Half Dollar** au buste de la Liberté à g. F. 491. A. t.b.c.

240 — **Quarter Dollar.** F. 492. Ar. b.c.

241 — **Dime,** sans indication de valeur. F. 493. Ar. t.b.c.

242 — **Cent.** F. 495, fr. sur 1806. Ae. t.b.c.

243 — **Half Cent.** F. 496. Ae. a.b.c.

244 1808. **Half Dollar,** même type. F. 498. Ar. t.b.c.

245 — **Half Cent.** F. 502. Ae. t.b.c.

246 1809. **Half Dollar.** F. 503. Ar. Beau.

247 — **Half Cent.** F. 506. 3 pièces variées. Ae. t.b.c.

248 1819. **Half Dollar.** F. 541. Ar. b.c. **Quarter Dollar.** F. 542. **Ar. t.b.c. Cent.** F. 543. Ae. (2 ps. belles et 1 t.b.c.) Ensemble 5 ps.

249 1820 **Quarter Dollar et Dime.** F. 546 et 547. Ar. t.b.c.

250 **Cent.** F. 549. Ae. 2 var. (Une superbe avec date plus grande). 4 pièces.

251 1821. **Quarter Dollar et Dime** (2 pièces). F. 552 et 553. 3 ps. Ar. t.b.c.

252 — **Dime,** les chiffres de la date plus petites. F. 553. Ar. Belle.

253 1822. **Half Dollar.** F. 556. Ar. t.b.c.

254 — **Quarter Dollar,** type de 1821, manque à Fonrobert. Ar. Beau.

255 — **Même pièce.** Ar. t.b.c.

256 — **Dime,** manque à Fonrobert, *proof,* frap. sur flan bruni. Ar. Superbe.

257 1823. **Half Dollar.** F. 560. 2 var. Ar. Belles.

258 — **Dime.** F. 561. Ar b.c.

259 1824. **Half Dollar,** *proof,* fr. sur flan bruni. F. 564. Ar. Superbe.

260 — **Half Dollar et Dime.** F. 564 et 565. Ar. 2 ps. Belles.

261 1825. **Half Dollar.** F. 569. Ar. Beau.

262 **Cent** de 1821 (2 var.), 1822 (2 var.), 1823, 24 et 25. 7 ps. Belles ou t.b.c.

263 **Half Dollar** de 1826, 27 et 28. F. 574, 576 et 580. Ar. 2 ps. belles et 1 ps. t.b.c.

264 1827. **Dime.** F. 578. Ar. t.b.c.

265 1829 et 30. **Half Dollar.** F. 588 et 593. 4 ps. var. Ar. t.b.c.

266 1829. **Dime et Half Dime,** *proofs.* F. 589 et 590. 2 ps. Ar. Superbes.

267 1830. **Dime et Half Dime.** F. 594 et 595. Ar. 4 ps. var. belles.

268 — **Dime et Half Dime** pareil. 2 ps. belles.

269 **Cents** de 1827, 28, 29 et 30. (3 var.) 6 ps. Ae. t.b.c. ou belles.

269a **Half cents** de 1828 (2 var.) et 1829. 3 ps. belles.

270 **Cents** de 1831 et 32. 3 ps. Ae. F.d.c.

271 1831. **Half Dollar, Quarter Dollar, Dime et Half Dime.** F. 598. 600. Ar. 4 ps. belles.

272 **Half Dollar, Dime et Half Dime.** F. 603, 607 et 608. 2 ps. belles.

273 — **Half cent.** Ae. t.b.c.

274 1833. *Half Dollar, Quarter Dollar et Half Dime, Cent et Half Cent.* F. 611, 612 et 615—617. 3 ps. Ar. 2 ps. Ae. belles.

275 1834. **Half Dollar** 3 var. F. 624 et 625, **Quarter Dollar, Dime et Half Dime.** 6 ps. belles.

276 1835. **Half et Quarter Dollar et Half Dime** (*proof*). Ar. 4 ps. belles.

277 **Cent** de 1834, de 1835 avec et sans point. F.d.c. et t.b.c. de 1836, 1837. F.d.c. et 1838. 2 var. t.b.c.

278 **Half Cent** de 1834, 1835. (2 var.) Ae. 3 ps. F.d.c.

279 1836. **Dollar** fr. en Essai (*proof*). La Liberté assise à dr. tournée à g. Rev. Aigle volant à g. F. 650. Superbe.
Voir la réproduction.

280 — **Dime,** type de F. 503. 2 var. **Half Dime** 3 var. F. 654. Ar. 4 ps. t.b.c. et 1 ps. b.c.

281 **Cent** de 1836 et 1837. Ae. 657 et 683. 2 ps. Ae.

282 1837. **Half Dollar** (2 var.) **Quarter Dollar et Dime.** F. 671, 72 et 73. **Ar.** 4 ps. belles.

283 1837. *Dime et Half Dime* à la Liberté assise, 674, 675 et 677. 3 ps. Ar. t.b.c.

284 — **Dime et Half Dime.** F. 675 et 677. 2 ps. Ar. t.b.c.

285 1838. **Half** et **Quarter Dollar** au buste. F. 689 et 690. Ar. 2 ps. belles.

286 — **Quarter Dollar, Dime et Half Dime** à la Liberté assise. F. 691 et 693. Ar. 3 ps. belles.

287 1839. **Half Dollar, Dime et Half Dime** à la Liberté assise. F. 696 et 699. Ar. 3 ps. Belles.

288 1840. **Quarter Dollar et Dime.** F. 705 et 706. 2 ps. Ar. Belles.

289 1842. **Dime** F. 727 et **Half Dime,** manque à Fonr. Ar. 2 ps. t.b.c.

290 1843. **Half Dollar, Quarter Dollar, Dime** (2 var.) et **Half Dime.** F. 732—34. Ar. 5 ps. belles. **Cent.** F. 735 Ae. t.b.c.

291 1845. 2¹/₂ **Dollar** fr. à Dahlonega (Georgia) avec D sous l'aigle. Manque à Fonr. Or. Beau.

292 — **Quarter Dollar.** Ar. t.b.c. et **Cent.** Ae. t.b.c.

293 1848. **Dime et Half Dime.** 2 ps. Ar. t.b.c.

294 1852. **Dime et 3 Cents.** t.b.c. Ar.

295 1854. **3 Dollars** à la tête ornée de plumes. Or. Beau et rare.

296 — **Dollar** à la tête ornée de plumes. Or. Beau.

297 — **Même pièce** Or. t.b.c.

298 1855. **Dollar** à la tête ornée de plumes. Or. Beau.

299 1856. **Dollar,** à la tête ornée de plumes. Or. Beau.

300 — **Même pièce.** Or. t.b.c.

301 1857. **Dollar,** même type. Or. t.b.c.

302 1861. **Dollar,** même type. Or. t.b.c.

303 — **Dollar, Half Dollar, Quarter Dollar, Dime, Half Dime et 3 Cents,** essais (*proofs*) en argent sur flan bruni et Nickel Cent aussi en *proof* sur flan bruni. 7 pièces. Superbes.

304 1862. **Dollar,** à la tête ornée de plumes. Or. t.b.c.

305 — **Half Dime.** Ar. t.b.c.

306 **Cents** de 1839, 43, 46—57. 14 ps. Ae. Belles.

307 **Half Cent** de 1850, 51, 53, 54, 55, 56. 6 pièces. Ae. belles.

308 1857 et 58. **Nickel Cent** à l'aigle volant. t.b.c.

309 1862. **2 Cents** en bronze, 2 ps. Belles.

310 1859. **Half Dollar** à la Liberté assise tenant faisceau de flèches. Essai (*proof*). F. 891. Ae. argenté. F.d.c.

311 — **Essai** (*proof*) à la tête couronnée de fleurs, au revers HALF—DOL-LAR. F. 893. Ae. argenté. F.d.c.

312 — **Essai** (*proof*) pareil avec $\frac{1}{2}$—DOLLAR. F. 895. Ae. argenté. F.d.c.

313 — **Essai** (*proof*) pareil avec 50—CENTS. Ae. argenté. F.d.c.

314 1867. **Nickel** *5 Cents.* F. 1221. Mêmes pièces de 1866, 68, 69 et 70. En-semble. 5 pièces Belles.

315 1868. **Half Dollar** et **Half Dime.** F. 1228 et 32. 2 ps. Ar. Belles.

316 1870. **Proof Half Dollar,** au rev. STANDARD 50 CENTS. F. 1268. Ar. F.d.c.

317 — **Proof Dollar, Half** et **Quarter Dollar.** F. 1273 et 1280. Pièces frs. sur flan bruni. Ar. 3 ps. Superbes.

318 — **Half** et **Quarter Dollar, Dime, Half Dime et 3 Cents** pareils fr. en essai, *proofs.* Superbes.

319 1872. **Dollar,** *proof,* fr. sur flan bruni. F. 1304. Ar. Superbe.

320 1873. **Trade Dollar.** F. 1321. Ar. Beau.

321 -- **Half Dollar.** F. 1323. Ar. Beau.

322 1874. **Trade Dollar.** F. 1333. Essai, *proof*, fr. sur flan bruni. Ar. Superbe.

323 — Même pièce. Ar. Belle.

324 — **Half Dollar, Quarter Dollar et Dime,** la date entre deux pointes de flêches fr. en essai, *proofs*, sur flan bruni. F. 1334 et 35. 3 ps. Ar. Superbes.

325 1875. **Quarter Dollar et Twenty Cents** fr. en essai (*proof*) sur flan bruni. F. 1342 et 43. 2 ps. Ar. Superbes.

326 1878. **Trade Dollar** fr. en essai (*proof*) sur flan bruni. Ar. Superbe.

327 1892. **Columbian Half Dollar.** Ar. Beau.

328 **3 Cents** de 1851, 53, 54, 55, 58, 59, 60 et 62. 8 pièces. Ar. t.b.c.

329 Nickel **5 Cents** de 1874, 83 et 84 ensemble. 7 pièces.

330 Nickel **Cent** de 1859—64. 5 pièces belles.

331 1863. Bronze. **Cent** au revers aigle au dessus de l'écusson. Beau.

332 — **Cent** de 1831, 32, 39, 40, 41, 42, 45, 47, 51 et 53. 9 ps. Ae. Belles.

333 Nickel **3 Cents** de 1865, 66, 67, 69, 70 et 74. 6 ps. Belles.

334 Bronze **2 Cents** de 1865, 66, 67, 69 et 70. 5 ps. Belles.

335 Bronze **Cent** de 1864—71, 73, 74, 75, 79—84. 17 ps. Belles.

Californie, atelier monétaire de San Francisco.

336 1860. **Half Dollar.** S. sous l'aigle. Ar. Beau.

337 1875. **Twenty Cents.** Ar. Beau.

338 1853. **Dollar Octogone.** Tête diadémée à g. * CALIFORNIA GOLD * DERI. F. 1378. Or. Beau.

339 1854. **Dollar,** même type. CALIFORNIA * GOLD * FD. Fonr. 1388. Or. t.b c. avec petit trou.

340 — **Dollar octogone** pareil ∴ CALIFORNIA ∴ GOLD ∴ F. 1389. Or. Beau.

341 — **Half Dollar** octogone, tête diadémée entre 5 et 7 étoilles. Rev. CALI-FORINIA * GOLD * FD dans un cercle perlé $\frac{1}{2}$ DOLLAR. Or. Beau.

342 — **Half Dollar** octogone. Tête diadémée entre 6 et 7 étoiles. Rev. HALF DOL. CALIFORNIA GOLD dans une couronne de laurier 1854 Or. Beau.

343 — **Half Dollar** rond. Tête diadémée entre 5 et 6 étoiles, sous la tête D. Rev. CALIFORNIA GOLD HALF D, dans une couronne *—1854. Or. t.b.c.

344 1855. **Dollar** octogone. CALIFORNIA GOLD NR, dans une couronne I—DOLLAR 1855. F. 1395. Or. Beau.

345 — **Half Dollar** rond. F. 1397. Or. Beau.

346 1859. **¼ Dollar** octogone, tête diadémée entre 4 et 4 étoiles. F. 1405. Or. Beau.

347 1864. **Half Dollar** octogone, tête diadémée entre 5 et 7 étoiles, sous la tête C. Rev. HALF--DOLLAR—1864. Or. Beau.

348 1866. **¼ Dollar** pareil entre 9 étoiles. F. 1412. Or. Beau.

349 1870. **Half Dollar** octogone, tête diadémée entre 6 et 7 étoiles, sous la tête $\frac{C}{1870}$ Rev. HALF—DOLLAR - CAL. Or. Beau.

350·1870. ¼ **Dollar** octogone même type, au revers ¼ DOLLAR—CAL. Or. Beau.

351 — ¼ **Dollar** octogone. Tête diadémée entre 5 et 8 étoiles. Rev. ¼ DOLLAR 1870. Or. Beau.

352 — ¼ **Dollar** rond, tête diadémé entre 3 et 4 étoiles. Rev. $\frac{1}{4}$ — DOLLAR — 1870. Or. Beau.

353 — **Half Dollar** rond, tête diadémée entre 6 et 7 étoiles, sous la tête $\substack{\text{C}\\1870}$. Rev. $\substack{\text{HALF}\\\text{DOLLAR}\\\text{CAL.}}$ Or. b.c.

354 — ¼ **Dollar**, même tête. Rev. $\frac{1}{4}$ DOLLAR—CAL. Or. Beau

355 1871. **Dollar** octogone, type de n. 349. Rev. CALIFORNIA GOLD dans une couronne 1—DOLLAR. Or. Beau.

356 — **Half Dollar** rond, type de n. 353, mais sous la tête L. Or. Beau.

357 — ¼ **Dollar**, comme n. 354. Or. Beau.

358 1872. **Dollar** octogone, tête ornée de plumes entre 6 et 7 étoiles, dessous 1872. Rev. dans un couronne 1 DOLLAR, à l'entour CALIFORNIA GOLD. F. 1435. Or. Beau.

359 — ¼ **Dollar**, même type, la tête entre 6 et 7 étoiles. Rev. $\frac{1}{4}$—DOLLAR —CAL. Or. Beau.

360 1873. ½ **Dollar** octogone, type de n. 358, la tête entre 5 et 8 étoiles. Rev. comme 359. Or. Beau.

361 — ½ **Dollar** rond, la tê'e plumée entre 5 et 8 étoiles. Rev. comme n. 360. Or. Beau.

362 — ¼ **Dollar** rond pareil, seulement la tête entre 6 et 7 étoiles. Or. Beau.

363 1874. ½ **Dollar** rond comme n. 361. Or. Beau.

364 1876. ¼ **Dollar** octogone, comme n. 359. Or. Beau.

365 1881. ½ **Dollar** rond, type de n. 361, rev. $\frac{1}{2}$—CAL GOLD. Or. b.c.

366 1849. Rev. MODEL $\frac{1}{4}$ DOLLAR. Droit Aigle. CALIFORNIA — 1849. Ae. t.b.c.

Louisiana, atelier monétaire de New-Orleans, marque O.

367 1838. **Dime.** F. 1947. Ar. Beau.

368 1839. **Dime** et **Half Dime.** F. 1949 et 50. 2 ps. Ar.

369 1840. **Quarter Dollar.** 2 var. F. 1952 et 53. Ar. t.b.c.

370 **Dime** de 1841 et 42. F. 1958 et 62. 2 ps. Ar. t.b.c.

371 1849. **Half Dollar.** F. 1975. Ar. Beau.

372 1850. **Half Dollar** et **Quarter Dollar.** F. 1977. 2 ps. Ar. Belles.

373 1851. **Half Dollar.** F. 1981. Ar. t b.c.

374 1855. **Half Dollar.** F. 1986. Ar. Beau.

375 **Dime** de 1857 (3 ex.) **Half Dime** de 1858 et 60. 5 ps. Ar. t.b.c.

376 1859. **Dollar, Half** et **Quarter Dollar.** F. 2005, 7 et 8. 3 ps. Belles.

North Carolina. Emission de monnaies d'or de C. Bechtler à Rutherford.

377 **Quarter Eagle.** BECHTLER . RUTHERF : dans le champ 250. Rev. CAROLINA . GOLD . dans le ch. 67. C. — 21. — CARATS. Or. gr. 5. Extr. rare. t.b.c.

378 **Dollar.** C . BECHTLER . RUTHERF : dans le ch. 30. G—*. Rev. ONE CAROLINA GOLD DOLLAR. F. 3737. Or. t.b.c.

Monnaies privées et Tokens.

A. Sans nom de lieu.

379 s.d. (1837). **Cent satirique.** *I. take te responseability.* Rev. Ane dessous *Veto*, dessus *Roman firmnes.* F. 263 et variété sans H sous la caisse. 2 ps. Belles.

380 1834. **Cent satirique,** au sanglier. F. 621. Ae. F.d.c.

381 1837. **Cent satirique,** au moirue et à l'ane. F. 665 et 666. 2 ps. Ae. belles.

382 — **Cent satirique,** Bentonian. F. 660, Millions for defence. F. 661, 662, 663]

383 — **Nickel Cent.** *Feuchtwangers Composition.* F. 679. Essai. 2 ps. Belles,

384 1838. **Cent** sur l'abolition de l'esclavage. Femme nègre lève les mains chainées. *Am I not a woman & I Sister.* F. 684. Ae. Beau.

385 1841. **Cent** *satirique.* F. 711 et 712. Ae. t.b.c.

386 1861. **Cent,** petit module, *our Countrij-Union 61.* F. 921, *Union* F. 922, *Army and Navy* F. 924. 3 ps. Ae. F.d.c.

387 1863. **Cent. Not one cent.** F. 958 et 959, droit tête rev. *Army and Navy.* 4 ps. écusson entre deux aigles, canon, pavillon américain et au *revers Army and Navy* 3 ps.. *our little monitor, our country, united country,* le capitole, *Exchange, God protect the union, for public accomodation, union, our union, Liberty and no Slavery.* Ensemble 20 pièces, belles.

388 — **Cent.** *Money makes the mare go,* à la tête plumée, sur la diadème *Liberty, I.O.U 1 cent, North star, Not one Cent,* (2 var.) *Stand by the flag, United Country, Union and Liberty, Dividend we fall, united we Stand Liberty 1863,* S. Y. dans un entourage de 13 étoiles, *if anny body attempts* etc. *Millions for defence.* 16 ps. belles.

389 1864. *Our army,* 2 var. *Union for ever.* 2 ps. belles.

390 1876. **Dollar** du jubilé, *commemoration of the hundred anniversary.* F. 349. Ar. gr. 24.8. t.b.c.

390a — Médaille au même type. m.m. 57. Br. F.d.c.

391 **Alabama.** Coosada. **C. M. Jackson.** *Token* for 50, 25 (2 var.) et 5 Cent. 4 ps. lait. f.d.c.

392 **California.** 1849. Californe Token aigle. Rev. pavillon surmonté d'un stéamer 1849. Fonr. 1369. Ae. C¹.

393 — Modèles de monnaies. 2 ps. Ae. t.b.c.

394 **Alameda.** Nickel token. *Good for one drink.* Rev. Yosemite Hotel Bar
Alameda Cal. F.d.c.

395 **Petaluma.** Washington Hotel token de 35 et 65 Cent. 2 ps. Nickel. f.d.c.

396 **San Francisco,** jetons d'adresse, 2 ps. Ae. F.d.c.

397 **Connecticut. Bridgeport. Cent.** A. W. Wallace. F. 1503. Ae. t.b.c.

398 **Illinois. Bloomingdale.** Cent 1864. *S. P. Sedgwick & Co.* **Cairo.** Cent.
s.d. *D. Ford.* **Chemung.** Cent 1863. *Wm. Moore.* **Chicago.** Cent s d *Barker & Illsley,* 1864. *Ira Brown* s.d. *I. I. Brown. D. Dryer & Co, Edwards,
F. Gall,* 1863. *Mars & Miner,* s.d. *J. M. Minger.* Ae. 11 ps. F.d.c.

399 – **Token.** Passage certificates from **Liverpool** to **Chicago** 1861. F. 1559.

400 – **Cent** *W. Q. Peck & Co,* 1860 et 61, *Wm. Reinhardt,* s.d. *F. E. Rigby,*
1861, *J. F. Siehler* s.d., **De Kalb,** *J. L. Elwood,* Cent 1861 et 63, **Durand**
s.d. *H. L. Mosely,* **Elgin** *M. M'. Neil* 1863, **Freeport,** *J. D. Diffenbaugh*
s.d. *Helena Hertrich* 1863. Ae. 11 ps. belles.

401 – **La Salle.** 1863. *Adams & Hatch.* **Lena.** *W. J. Bollinger* s.d. *M. Weaver*
1863. **Marengo.** *H. G. Skinner* s d. **Naperville.** *Robert Naper* 1861.
Ottawa. *A & H. Allschuler* s d. **Palatine.** *Denn & Slade* 1863, **Rockford.**
A. J. Davis 2 var. 1863, *William Knapp* 1864. 10 ps. Ae. t.b.c.

402 **Paris.** Cent s.d. *Collins Bro's* et de 1863. *A. C. Connely* 1863 (2 var.)
James Millen 1863. *Pennoyer & Larkin, Sisk & Wahlen.* **Peru.** *Leninger
& Bro* s.d. **Pontiac.** *Dehner & Maples* 1863. 9 ps. t.b c.

403 **Sandwich.** *M. B. Castle,* Cent s.d., *W. B. Castle* s.d. et 1863, *A G. Greenman* 1863. **Springfield.** *J. C. Yager* Cent s d. et de 1863. **Sycamore.**
W. C. M'. Clenahan & Co. 1863 (2 var) **Waukegan.** *J. V. Loveday &
Co.* 1863, *D. P. Millen* 1864. **Woodstock.** *M. J. Stevers* 1863. 11 ps. Ae. t.b.c.

404 **Chicago.** **Token** de 10 Ct carré et de 5 Ct rond de *Chas. Pick & Co.,*
5 Ct rond *Wm O. Connell,* 5 Ct *Gunn & Dwyre, Tivoli Beerhall,* Good
for one Drinck, *Chicago Schützen Verein* 25 et 10 Ct, avec les nombres
émaillés, 5 Ct *R. Engel,* 5 Ct *Th. Keley,* 5 Ct *Brunswick & Co.* (2 var.)
Workman & Terrand. 14 ps.

405 **Tokens** pareils. 17 pièces. Cuivre et Nickel.

406 **Elgin. Token.** Jennings Exchange. Lait. f.d.c.

407 **Indiana. Anderson.** Cent. *Mc Cullogh.* **Avilla.** *Baum Walter & Co.,* **Bethel.**
Thompsen & Willey. **Brazil.** *Connely,* **Bowlinggreen.** *O. H. P. Ash, Ash &
Black,* **Brookville.** *H. Linck,* **Brownsburg.** *G. W. Nash.* 8 ps. Ae. t.b.c.

408 **Brownstown.** 1863. Cent. *S. S. Early en Co.,* **Butler,** Cent. *J. Lutes.*
Cadiz. 1863. Cent. *Hiatz & Showalter.* **Clinton.** Half Dollar. *Norton Creek
Coal en Minning Co* Laiton. F.d c. **Columbia City.** Cents. de *Gaffney &
Mc Donnell, Harley & Linvill, W. W. Kepner & Sons, Dr. C. Kindermann* et *John C. Washburn.* F. 1673—6 et 1678. Ae. 10 ps. F.d.c.

409 **Como.** Cent. *Jacob Groyen.* **Corunna.** Cent de *Sam'l Bech, Ira W. Bowen,*
au Mortier (Drugs and Medicines), autre à l'aigle, *John Childs* et *J. L.
& G. F. Rowe.* 1863. (2 var.) F. 1679, 1681—5 et var. 7 ps.
Danville. Cent. *S. A. Russel.* F. 1687. **Dublin.** Cent. *A. Jenks.* F. 1688,
Elkhart. Cent. *J. Davenport & Son.* F 1689. **Fortville.** Cent. *J. H. Thomas.*
F. 1691. 4 ps. Ae. 3 ps. F.d.c. 1 t.b.c. Ensemble. 11 ps. Ae. t.b.c.

410 **Fort Wayne. Cent.** *Anderson & Evans, T. K Brackenridge, A. D. Brandiff & Co., J. Lauferty, P. Pierr, C. Schoerpf & Co.* **Fremont.** Cent. *G.
W. Follet.* F. 1700. **Goshen.** Cent. *J. L. Kindig.* F. 1701. **Hagerstown.**
E. & L. Small. F. 1706. **Hartford.** Cent. *Jas. Lyon.* F. 1710, **Hukington.**
Cent. *Wm. Bickel.* F. 1712. 11 ps. Ae. t.b.c.

411 **Indianopolis.** Cents de *Alvord, Caldwell & Alvord, Boston Store, G. N. Geisendorf & Co*, (2 var.), *M. H. Good, J. B. Grout, J. C. Hereth, C. L. Holmes. J. B. Johnson, Charles Kuhn, Moritz Bro & Co, R. R. Parker. Pomeroy Fry & Co., Roll & Smith, Roos & Schmalzried, J. F. Senour, M. Spencer, Smith & Taylor, Mrs. A. Thomson & Son, Tyler, Weaver & Maquire, J. B. Wilson* et *A. D. Wood.* 23 ps. Ae. F d.c.

412 **Kendallville. Cents.** *M. M. Bowen, W. & J. R. Bunyan, J. F. Corle,* (2 var) *S. C. Evans & Co.* (2 var) *G. C. Glatte, E. Graden, Jacobs & Co., Jones & Mosher, J. M. Loomis, Miller & Crow, G. S. Rowell & Son, Steer & Bowen, W. S. Thomas, D. S. Welch.* 10 ps. Ae. F. d.c.

413 **Laporte.** *L. D. Webber* **Ligonier.** *O. Arnold, Barney Bro, J. C. Best* (2 var.), *J. Decker, S. Mur & Co.* (2 var.), *E. Reeve, Strauss Brothers* (3 var.), *C. G. Vail, J. C. Zimmerman* (2 var) 15 ps. Ae. F.d.c.

414 **Lisbon.** *G. D. Braughman & Bro* **Logausport.** *Booth & Sturges.* **Lynn.** *J. A. Hinshoed.* **Mechanusburg.** *Ezra Swain,* **Middletown.** *W. W. Cot. teral P. M.* **Mishawaka** *H. D. Higgens* (2 var.), *B. Holcomb.* **North Vernon.** *John Wenzel,* **Peru** *J. S. Queeby* (5 var.) **Piereeton.** *Murray & Bro.* 15 ps. Ae. t.b.c.

415 **Plainfield.** *Johnson & Oursler* 1863 2 var., *M. Osborn, J. M. Shidler* et *Tansey & Ballard* s.d. **Plymouth.** *J. M. Dale* 1863, *H. B. Dickson & Co.* et *H. Humrichouser.* **Richmond.** 1863 *C. C. Buhl, E. F. Hirst.* **Rochester,** *D. S. Gould* 1864. **South Bend.** *J. C. Knoblock* 1861, *George Wymann* 1863 (2 var.) **Sullivan.** *Price Brothers* 1863. **Valparaiso.** *Bartholomew & M' Clelland* 1863. **Warsaw.** *D. R. Pottenger & Co.* 16 ps. Ae. belles.

416 **Jowa. Cent. Cedar Rapids.** Reynolds & Co., **Lansing.** *Wm. Flemming & Bro.* **Waterloo.** Médaille avec Omnibus de *Robinson Hitt.* Nickel. 3 ps. F.d.c.

417 **Kansas. Kansas City. Token.** *W. J. Scott* laiton, **Leavenworth Cent**, *A. Cohen.* Ae. 2 ps. F.d.c.

418 **Kentucky.** 1863. *Token* de 25 et 5 *Cents.* 21*th Voluntary Infantery Reg.* F. 1897 et 98. Ae. t.b.c.

419 **Covington.** Cent 1863. *Arbeiter Halle, Covington & Cincinnati Ferry Comp., J. Dolman, V. C. Engert.* (2 var.) **Lexington.** Cent de *John W. Lee, One Gall of Milk, One Half Gall of Milk, One Quart of Milk, One Pint* et *One Half Pint.* **Newport.** Cent 1863 de *J. Butcher.* **Louisville.** *Matther & Steinau* 5 Cents *Casino Billard.* Nickel. Cent *N'port & Cov. Bridge Company.* Nickel. 13 ps. belles.

420 **Louisiana. New Orleans. Cent.** Médaille sur la *North, Central & South American Exposition.* Etain. t.b.c.

421 **Maine. Bangor.** *R. S. Torrey* (Bee Have). Cent 1864. Ae. Beau.

422 **Maryland. Baltimore.** Token de *Geo. P. Steinbach.* Laiton. Cent de *Jacob Seeger.* Ae. **New Orleans.** *N. C. Folger.* F. 1942. 3 ps. belles.

423 **Massachusetts. Attleboro. Cent.** *H. M. V. J. Richards.* **Boston. Cent.** *Harwey Lewis.* Sutler 23 Mass. Regiment *Wm. H. Milton, Peck & Burnham* (2 var.), *Alfred Willard.* Cent comme timbre *Joseph L. Bate.* **Fall River.** *G. P. Francis.* **Nantucket.** Médaille *Sanitary Commission.* F. 2088. 9 ps. belles.

424 **Insigne** en argent F. A. N. *fourth Batalion Rifles.13th Mass. Vol.* t.b.c.

425 **Michigan. Addison. Cent** de *Smith Brothers,* **Adrian Cent.** *J. A. Castle* et *Wm. L. Wilcox.* **Albion** *Comstock & Bro* (2 var) **Almont** et **Ann. Arbor.** *Philip Bach* (3 var.) *D. W. Richardson, Dean & Co.* (2 var.), *Wm. Wagner, C. H. Millin* (2 var.) 14 ps. Ae. t.b.c.

426 **Battle Creek**. Cent 1861. *Wm. Brooks.* 1863 *J. Stuart & Son,* **Bay City**.
Cent s.d. *Binder & Co.,* **Brighton** Cent 1863. *Wm. R. Cobb,* **Charlotte**.
Cents 1863, *C. Cummings, Highby & Brother, J. Mikesell & Bro.* 7 ps.
Ae. t.b c.

427 **Clarkston.** 1863. Cents. *M. H. Clark,* R. & I. T. Peter. **Constantine.** *E.
H. Sheldon.* **Corunna.** *H. A. Crane.* **Detroit** *W. J. Adderly, Campbell
Linn & Co.* **Genesee.** *F. J. & J. Palmer.* **Grand Haven.** *Geo E. Hubbard.*
Grand Rapids. *E. K. Powers.* **Hudson.** Cent. *Palmer & Goodsall.* **Jackson.**
S. Holland & Son. Cent de 1861 et 63, *Wm. Jackson.* 1863. **Lawton.**
Fairbank & Scriver, **Tecumseh.** *C. J. Patterson.* **Ypsilanti.** *Showermann
en Bro.* (2 var.)

428 **Minnesota.** **Minneapolis.** 1886. Industreal exposition. Médaille en étain
et en cuivre. Trouées.

429 — **Rochester.** Cent. F. W. Andrews. **St. Paul.** Cent. *Wheeler & Wilson.*
(2 var.) **Red-Wing.** Cent avec A. W. E. **Winona.** *C. Benson.* 5 ps. Ae. F.d.c.

430 **St. Paul.** 1887. Ice palace & Winter carnival, médaillon avec vue de
la ville et trois médaillons avec des patineurs. Belle médaille. m.m. 63.
Etain bronzé. F.d.c.

431 1885. Méd. uniface maçonnique. Supreme temple patriarchal circle. m.m.
45. Cuivre argenté. F.d c.

432 1867. Editors en publishers association. Minnesota. m.m. 45. Cuivre argenté. F.d.c.

433 1887. Winter carnival, 3 jetons variés en nickel. Troué.

434 — 1886. Méd uniface. *Na pasnatku Sveceni Kostela Sv. Stanislava 21
Listopadu 1886.* F.d.c. troué.

435 **Stillwater.** 1883. Zur erinnerung an das Zwölfte Minnesota Sänger-fest.
Et. F.d.c.

436 **St. Louis.** Token. *Schnaider's Garden,* Lewis. 10, 25 et 50 *Cent. R. Bowen
& Son.* 4 ps. Lait. F.d.c.

437 **Nebraska.** **David City.** Tokens de *Reinhardt & Son.* 1 Dollar, 50 et 10
Cents et de 25 et 10 Cent (2 ps.) de *George Schwerer.* Lait. 6 ps. F.d.c.

438 **New Hampshire.** Portsmouth. Cent. E. F. Sise & Co. F. 2633. Ae. t.b.c.

439 **New Jersey.** Newark. Cent. *J. Wightman.* **Pamboy.** *Couth & Bro.* 2 ps.
Ae. F.d.c.

440 **New-York.** Albany Cent. 1863. *Benjamin & Herrick. John Thomasse.
D. L. Wing & Co.* (2 var.) **Brooklyn.** *Danien Williams.* (2 var) **Buffalo.**
A. M. Duburn. W. G. Fox. Hochstetter & Straus A. M. Johnston **Lan-
singburg.** *Walsh.* Cent de 1835, grand module.

441 **New-York.** Médaille 1883. Celebration of the évacuation of New-York,
trouée. Et. t.b.c.

442 Cent avec NEW YORK. Fonr. 2968 et 9. *Washington Market.* Merchants
Exchange Wallstr. Rev. Not one cent for tribute (2 var.)

443 Cent de grand module, *Abraham Riker, Centre Market.* 1833 *Robinson
Jones & Co. New-York Joint Stock.* 1836 *R. & W. Robinson. Scovills.*
Daguerrotype Material.

444 **Cent.** 1724. *Talbot Allum & Lee.* La Liberté debout devant des mar-
chandises LIBERTY & COMMERCE. Rev. TALBOT ALLVM & LEE —
ONE CENT. Navire à trois mâts dessus NEW-YORK fr. sur coin brisé.
Ae. Beau.

445 Cent, même pièce. Ae. t.b.c.

446 1795 Cent au même type. Fonr. 3630. Ae. Beau.

3

447 Cent grand module. *Henry Anderson.* 1837. *Robert. B. Ruggles.* 1837.
Smiths Clock establistement (2 var.) *Robinsion Jones & Co. E. Lyon.*
Dorenus & Nixon. Magnetic powder (3 var. en cuivre doré).

448 Cent petit module. *H. J. Bang, V. Benner & Ch. Bendinger, J. L. Bode,*
F. Brimelow (2 var.) *Broas* (4 var.) *Carland, J. J. Drehl, Charles Gintsch,*
John P. Gruber, Hussey, Johson 1852, Chistoph Karl, S. Leuchteweiss,
Gustavus Lindenmuiller (2 var.) *Edward Michling, G. M. Mittnacht,*
Henry C. Montz 21 pièces. t.b.c.

449 Cent. *Fred. Rollwagen Jr., Edw. Schaaf, John Schuh* (2 var.) *Ph. I.*
Seiter (2 var.) *Edw. Schulze, Staudinger 1863* (2 var.) *S. Steinfeld, Sohy*
& Southworth, Ezra B. Sweet, C. Tollner & Hammacher, Wm. F. War-
ner, H. B. West 1853, *Thomas White, Wilson* (2 var.) et *Jonas Wood.*

450 Cent de grand module. *S. M. May Cock & Co., James G. Moffet, H.*
Crossman 1837, *Calvin Witty* adresse en forme de Dollar, *D. Hadgman.*
Rubbertoken.

451 **Troy.** Cent. *Oliver Boutwill* s.d. et 1863, *Bucklin* 1835 grand module,
W. P. Haskins 1834 (2 var. grand module), *Robinson & Ballon* 1863 et
N. Starbuch & Son s.d.

452 **Oakland.** 1871. One Fare. Tram-Omnibus. Rev. Oakland-Brooklijn &
Fruitware RR. company. Rare. Ae. t.b.c.

453 **Ohio.** Cincinatti. Cent. *Cole's Bakery* 1863, *Costello* 1862, *B. Kittredge*
& Co., W. K. Lanphear, John Stanton Tyler 1863. F. 3917, 3927, 4197,
'98. 4205, $\frac{4179}{4126}$, 4422, 24. 27, 30 et 37, 4453. **Bellevue** P. Brady. 13 ps.
Ae. F.d.c.

454 1876. **Pensylvanie.** Philadelphia. 1876. International Exhibition. Méd.
par Christesen. métal blanc. F.d.c.

455 — Même médaille en bronze. F.d.c.

456 Cent. *M. C. Campbel.* Ae. t.b.c.

457 **South Carolina.** Charleston. Cent grand module 1846. W. W. Wilbur
(2 var.) Ae. t.b.c.

458 **Texas.** Laredo. *Beer Garden.* Marques pour *one drink* et *one beer* Nickel,
de 5 et 10 Cents de *Chas Moser.* Laiton, **San Antonio** *one drink Elite*
Saloon, Nickel. 5 ps. F.d.c.

459 **Utah.** Richfield. *Dollar* de *J. M. Peterson & Co.,* Nickel.

460 **Wisconsin.** Milwaukee. 1886. 24^{the} *North American Sangersfest at Mil-*
waukee. Wis. July 21—26 1886 attributs de musique. Rev. Vue de la
ville dans un médaillon, entouré de quatre édifices principaux Belle
méd. signée North Western Stamps Works. m.m. 62. Etain bronzé. F.d.c.

461 — Même fête Saengersfest souvenir. F.d.c. troué. New York tea Co. et
petite méd. portative et 1871 Milwaukee frieden feier. t.b.c. 2 ps. Et,
et 2 ps. laiton. **Matt. Bauer.** 2¹/₂ Cent. Ae. argenté. Ensemble 5 ps.

462 **Milwaukee.** *Wm. Frankfurth.* Cent. **Manitowoc.** Cent. *W. H. Horn,* **Ot-**
tawa. *E. & H. Alschuler.* **Racine.** Cent grand module. *A. B. van Gott.*
Ae. 3 ps.

463 Grand lot de marques de forme variée en laiton sans nom de lieu. 16
ps. et 1 pièce en nickel.

464 Lot de petits Cents de localités indéterminées.

Personnages illustres.

465 **A. A. Ames.** Governor of Minnesota. Son buste à g. Médaille m m. 23. Et. t.b.c. troué.

466 **John Brown.** Méd. au buste de John Brown de face tourné à dr. Rev. A la mémoire de John Brown, assassiné irréjuridiquement à Charlestown le 2 Décembre 1859 etc. m.m. 57. Fonr. 5230. Br. Belle.

467 **Henry Clay.** Méd. au buste à dr. sous le buste I. B. C. HENRY CLAY AND THE AMERICAN SYSTEM. Rev. dans une couronne *United we Stand*. m.m. 28. Br. Belle.

468 **Geo B. Mc. Clellan.** Cent au buste en uniforme. GENERAL — G. B. Mc CLELLAN. F. 5680. Ae. Beau.

469 **Même buste à dr.** Cent. F. 5683 et buste à g. F. 5695. 2 ps. Ae. belles.

470 **Christophorus Columbus.** . Son buste à g. par Johnson. Memento of the World's fair. Chicago 1893. m.m. 59. Br. Beau.

471 **Benjamin Franklin.** Son buste à g. par Caqué. F. 5738. m.m. 41. Br. Beau.

472 **— Son buste à dr.** Rev. Penny saved is a penny earn. Petite méd. Ae. t.b c.

473 **Franklin et Montyon.** Méd. par Barre. F. 5740. m.m. 41. Br. t.b.c.

474 **Ulysses S. Grant.** Sa statue équestre à Chicago. Oct. 7 1891. Méd. m.m. 56. t.b.c.

475 **Ullyses S. Grand et Schuyler Colfax.** Leurs bustes superposés à dr. Rev. Truth is powerful and will prefail. m.m. 26. Et. troué. t.b c.

476 **O. H. Hansen.** Médaille portative militaire. Aigle portant écusson IN THE WAR OF UNIO 1861, 2 & 3. Rev. Légende gravée, *For Bravery to Mr. O. A. Hansen by the President A. Lincoln.* Ar. gr. 11.3. Extr. rare. t.b.c.

477 **W. H. Harrisson.** MAT . GEN . W. H. HARRISON. Son buste en uniforme à g. dessous BORN FEB . 9 . 1775. Rev. Maison fortifiée THE PEOPLES CHOICE — THE HERO OF TIPPE CANOE. m.m. 28. Ae. t.b.c. petit trou.

478 **Adam v. Itzstein** buste à dr. Rev. Aigle IN UNITATE FORTITV DO 1850. F. 5853. Lait. t.b.c.

479 **General Lafayette.** Son buste à dr. Rev. Aigle américaine dans un entourage d'étoiles. m.m. 22, Lait. t.b.c.

480 **Lafayette. M. P. I. R. G. Motier Muuls de La Fayette** né le 6 Sept. 1757 à l'ex. *offert par B. Duvivier à la garde Nationle.* F. 5893. m.m. 42. Br. t.b.c.

481 **Abraham Lincoln** président of the U. S. Son buste à g. par Key. Born fb. 12. 1809. Assassinated etc. F. 5966. m.m. 27. Br. F.d.c.

482 **Abraham Lincoln** for Président. Sa tête à dr. Rev. **Andrew Johnson** for vice president. m.m. 18. Ae. t.b.c.

482a **Buste de Lincoln** à dr. SALVATOR PATRIAE. Rev. dans une couronne de laurier. *In — Memory - of the — life acts and death — of — Abraham Lincoln - Born february 12 1809 — Died april 15 1865.* Mm. 16. Etain. Beau. **Unique.**

482b Méd. miniature uniface, au même droit. m.m. 7. Etain. F.d.c. **Unique.**

483 LINCOLN AND LIBERTY. Sa tête à g. Rev. *Good for another Heat.* F. 5903. Lait. troué. b.c.

484 **Jenny Lind.** Sa tête à g. Rev. de n. 478. F. 5975. Lait. F.d.c.

485 **Thaddeus Kosciuzko.** Son buste à dr. par Caunois. F. 5881. m.m. 41. Br. Beau.

486 **Franklin Pierce.** GEN. FRANKLIN PIERCE — THE STATESMEN & SOLDIER. Son buste à g. F. 5994. m.m. 27. Lait. t.b.c.

486a **Pitt.** Penny de 1766 au buste à g. de Pitt l'ainé. THE RESTORER OF. COMMERCE 1766, sous le buste NOSTAMPS. Rev. Thanks to the friends of Liberty and traden. Navire à trois mâts à toutes voiles, dans le ch. AMERICA. F. 4915. Ae. t.b.c.

487 **Eli. K. Price,** président de la Société numismatique et des antiquaires. 1879. Son buste à g. par W. M. Key. m.m. 41. Br. F.d.c.

488 **Zacharias Taylor.** 1847. Son buste en uniforme à g. presque de face. *Major-General Zachary Taylor — Hero of Palo — Alto, Resaga de la Palma. Mon Terey and Buena Vista 1847.* Rev. Aigle. *United States of America.* m.m. 23. Ae. t.b.c.

489 **George Washington.** Sa tête à dr. GE WASHINGTON OF THE CON-TIN^L ARMY IN AMERICA. Rev. Des armes *Washin, reunit par un rare assemblage les talent du Guerrier et les Vertus du Sage.* m.m. 40 F. 6075. Br. Belle.

490 Même pièce. Br. t.b.c.

491 — 1793. **Halfpenny** avec son buste à g. WASHINGTON PRESIDENT. Rev. Navire à toutes voiles. Halfpenny 1793. F. 6103. Ae. t b c.

492 — s.d. **Washington Penny.** Son buste à g Rev. Armoiries *Liberty and Security.* F. 6072. Sans inscr. sur tranche. Ae. Beau.

493 — Méd. au buste de **Washington** à dr. Rev. dans une couronne TIME INCREASES HIS FAME. Fonr. 6077. m m. 28. Ar. Belle.

494 — **Halfpenny.** 1795. GEORGE WASHINGTON. Son buste à dr. Rev. Armoiries LIBERTY AND SECVRITY 1795. F. 6105. Ae. t.b.c.

495 Grande médaille. Buste de **Washington** à g. par O.C. Wright. Rev. DE-CLARATION OP INDEPENDENCE IULY 6TH 1776. Vue de l'assem-blée dans laquelle la déclaration de l'indépendance est faite. Superbe médaille. Extr. rare. m.m. 89. Br. F.d.c.

496 **General Washington.** Son buste à dr. GENERAL WASHINGTON INS-CRIBED TO HIS MEMORY BY D. ECCLESTON LANCASTER MDCCV. Rev. Indien debout THE LAND WAS OURS entouré d'une triple légende *He laid the foundation of american liberty.* m.m. 74. Br. Belle et rare.

497 **George Washington.** Son buste à dr. Rev. L'oeuil divin dans un entou-rage de rayons et d'étoiles. *Succes to the United States.* F. 6094. Lait. t.b.c.

498 **The Washington token.** 1863. Buste. Rev. tête de femme *Horrors of war* etc. F. 6146. Lait. t.b.c.

499 **Cent** au buste de Washington à g. Rev. *T. Birmelow druggist.* Ae. Beau.

500 Buste de **Washington** à dr. PATER PATRIAE. Rev. dans une cou-ronne *A memorial of the Washington Cabinet may 1758.* m m. 21. Br. beau.

501 London **Halfpenny** au buste de **Washington.** *G. Washington the firm friend to peace & Humanity.* Ae. Beau.

502 Jeton. Buste presque de face *General Washington.* Rev. tête de la Liberty, et quelques cents au buste de Washington. 6 pièces. Ae. t.b.c.

Mexique. République.

I. Vice-royaume espagnol **Neuva Espana**.

503 Charles I (V) et sa Mère Jeanne. 1521—56. Peseta (deux réales). CARO-LVS o ET o IOHANNA o REGES. Ecusson écartelé entre L—M. Rev. Les colonnes d'Hercule entre PLV—SVL—TR à l'entour ⊹ HISPA-NIARVM o ET o INDIARVM o Fonr. 6207. Heiss I pl. 27 n. 9. var. Ar. b.c.

504 Real avec L—M̊. Rev. PL—V̊S—VL. Fonr. 6208. Var. de Heiss pl. 27.11. Ar. t.b.c. troué.

505 Toston de 4 Reales avec CAROLVS ⸰ Ecusson écartelé entre M—L. Rev. les colonnes entre PLV—SVL—TRA dessous 4 var de F. 6212 avec REGES et de Heiss II pl. 27 n. 6. Ar. t.b.c.

506 Peseta avec M—L et IOHANNA o REGS. Rev. INDIARVM o les colonnes entre PLV—SV̊L—TR. Var. de Heiss pl. 27.9. Ar. t.b.c.

507 Real avec M - L et avec PL—V'S—VL. Ar. t.b.c.

508 Real avec M̊—O et IOHANNA RGS. Var. de Heiss pl. 27 n. 12. Ar. a.b.c.

509 Real avec O—M̊ et REGS. Manque à Fonr. et Heiss. Ar. a.b.c.

510 Philippe II. 1556—98. Real. Armoiries entre M̊—O. Var. de Heiss pl. 30 n. 23. Ar. a.b.c.

511 Medio Real, monogramme de Philippus remplissant tout le champ entre M̊—O, manque à Heiss et Fonr. Ar. a.b.c.

512 Philippe IV. 1621—65. Peso barbare. Armoiries. Rev. Croix cantonnée de deux lions et de deux châteaux. INDIA est seulement lisible. Ar. gr. 26.

513 1631. Toston barbare au même type $\frac{S}{R}$ à gauche des armoiries, manque à Heiss ou Fonr. Ar. b.c.

514 s.d. **Real barbare,** même type $\frac{M}{P}$ à gauche des armoiries. Ar.

515 Charles II. 1665—1700. 1671. Peso irrégulier, contremarqué de la toison d'or attaché à deux briquets. F. 6272a. Gr. 21.5. Ar. t.b.c.
Voir la reproduction.

516 1682. Peso fort barbare, écusson accosté de $\frac{\overset{o}{M}}{A}$—8. Ar. t.b.c.

517 Philippe V. 1700—1724—1746. s d. **Medio** barbare. Fonr. 6275. Ar. troué.

518 1733. Peso un peu irrégulier, mais toutes les lettres sont venues, avec $\frac{\dot{M}}{F}$—$\frac{\overset{o}{M}}{8}$ Heiss pl. 49 n. 72. F. 6284. Ar. troué b.c.

519 — Peseta au même type. Comparez Heiss pl. 48 n. 43. Ar. t.b.c.

520 1734. Toston aux deux hémisphères entre les colonnes, tranche fleuronnée, écusson entre $\frac{\dot{M}}{F}$ $\frac{⊛}{4}$ Heiss pl. 43 (de 1738) et F. 6287 (le Peso) Ar. F.d.c. ⊛ ⊛

521 1738, Real, même type avec $\frac{\dot{M}}{F} - \frac{\overset{o}{1}}{0}$ manque à Heiss. Ar. t.b.č.

522 1742. Toston droit a.b.c. rev. t.b.c. F. 6300. Ar.

523 1743. Peseta. (2 Reales.) Heiss. pl. 48 n. 42. F. 6302. Ar. Beau.

524 1745. Peso, même type. Heiss pl. 48 n. 42. F. 6309. (Sans contremarque). Ar. t.b.c.

525 — **Medio.** Heiss pl. 48 n. 46. F. 6306 (de 1743). Ar. t.b.c.

526 1746. **Medio** pareil. F. 6314. Ar. t.b.c·

527 **Ferdinand VI.** (1746—1759.) 1748. Peseta. Heiss pl. 53 n. 16 (de 1754). F. 6316. Ar. t.b.c.

528 1748, 50 et 52. **Medio.** Heiss pl. 53 n. 18. F. 6318. 3 ps. Ar. t.b.c

529 1749 et 1751. **Real.** 2 pièces manquant à Fonr. Ar. t.b.c.

530 1754. **Peso.** Heiss pl. 53 n. 13. F. 6328. Ar. t.b.c.

531 **Peseta** de 1754 et 1757. Heiss. pl. 53 n. 16. 2 ps. Ar. t.b.c.

532 1755. Toston (4 Reales avec $\overset{\dot{M}}{M} - \overset{⊛}{4}$ F. 6337 (de 1758). Heiss pl. 53 n. 15 (de 1759). Ar. t.b.c. $\quad ⊛ \quad ⊛$

533 1758. **Real.** Heiss. pl. 53 n. 17. Ar. Beau.

534 1759. **Peso** même type, manque à Heiss. F. 6340. Ar. t.b.c.

535 1760. **Medio** au titre de Ferdinand VII mort en 1759. F. 6315. Ar. Beau.

536 **Medio** de 1752, 54 et 58. 3 ps. Ar. t.b.c.

537 **Charles III.** 1760—88. 1760. Proclamation du roi. CAROL . III . D., G . HISPN REX . MEXIC . PROCLAM. Buste du roi à dr. décoré du toison d'or, sous le buste **A. B. Madero.** Rev. IMPERATOR INDIARVM CONSVLATVS. Armoiries dans un cartouche Louis XV. Sur la tranche CONSIDERATE LILIA. NEC SALOMON IN OMNIA GLORIA SUA ⊛ Betts n. 483. Ar. gr. 28. Rare. Beau.

Voir la reproduction.

538 1761. Peso avec $\overset{\dot{M}}{M}$ Heiss pl. 57 n. 34 (de 1762). Ar. Beau. ⊛

539 1765. **Peseta.** Heiss pl. 57 n. 36 (de 1768). Ar. b.c.

540 1768. **Medio.** F. 6359 manque à Heiss. Ar. t.b.c.

541 1770. Peso avec $\overset{\overset{o}{F}}{M}$ manque à Heiss et à Fonrobert. Ar. Beau. ⊛

Voir la réproduction.

542 1775. **Medio** au buste du roi Rev. $\overset{o}{M}$. F. M.   F. 6369. Ar. t.b.c.

543 1780. Peso au buste, type de Heiss pl. 56 n. 24 avec $\overset{o}{M}$. 8 R. F . F. Contremarqué au buste de George III. Ar. t.b.c.

544 1781. Real au buste du roi. Rev. $\overset{o}{M}$. I . R . F . F.   F. 6381. Ar. Beau.

545 — **Medio** au buste. Rev. $\overset{o}{M}$. F . F.   F. 6383. Ar. Beau.

546 1784. Peseta au buste. F. 6391 avec curieuse contremarque dans un carré. Ar. t.b.c.   Voir la reproduction.

547 1786. Peseta au buste. $\overset{o}{M}$. 2R . F . M. F. 6371 (de 1779). Ar. Beau.

548 1787. Peso au buste. $\overset{o}{M}$. 8R . F . M. F. 6365 (de 1774). Ar. t.b.c.

549 1788. **Médaille** de l'Académie de Mexique en mémoire de la mort de Charless III son instuteur par G. A. Gil. F. 6398. m.m. 66. Br. Superbe.

550 1789. **Real** au buste de Charles III, mort déja en 1788 avec M̊ . IR . F . M . Ar. Beau.

551 **Charles IV.** 1789—1808. 1719. **Médaille** de proclamation offerte par l'archevêque Alfonso. Buste du roi à dr. Rev. Buste de la reine à g. F. 6405. m.m. 42. Br. argenté.

552 — **Même** sujet au buste du roi, offerte par la chambre de commerce. Fonr. 6106. **Ar. gr.** 34. F.d.c.

553 — **Même** médaille en bronze. Belle.

554 — **Même** sujet au buste du roi, méd. offerte par le tribunal des mines. F. 6406. Br. Belle.

555 — **Même** sujet, au buste du roi, offerte par la ville de Mexique. F. 6406. m.m. 46. Br. F.d.c.

556 **Peso** de proclamation. PROCLAMA—DO . EN . MEXI—CO . ANO . DE 1789. * 8R * F. 6410 Ar. Beau.

557 — **Peseta** de proclamation. F. 6412. Ar. t.b.c.

558 — **Real** de proclamation. F. 6413. Ar. F.d.c.

559 — **Peseta** au buste. Rev. M̊ . 2R . F . M. Comp. Heiss pl. 59 n. 14 (le Toston). F. 6420. Ar. F.d.c.

560 — **Cuartino.** Sans date. Château. Rev. Lion. Manque à Heiss. F. 6402. Ar. t.b.c.

561 1790. **Médaille** d'inauguration. Bustes accolés du roi et de la reine, offerte par l'académie de Mexique, gravée par Gil. F. 6417. Br. Belle.

562 1796. **Médaille** aux bustes accolés du roi Charles IV et de la reine Alosia en mémoire de l'érection de la Satue équestre du roi par le Vice-roi le marquis de Branciforte. F. 6436. m.m. 59. Br. t.b.c.

563 — **Toston** au même type. F. 6437. Ar. gr. 13.3. F.d.c.

564 1799. **Peseta** au buste. Rev. M̊ . 2R . F . M. Ar. Beau

565 — **Medio** avec M̊ . F . M. F. 6443. Ar. t.b.c.

566 1800. **Real.** F. 6447. Ar. F.d.c.

567 1801. **Medio** avec M̊ . F . T.   F. 6451. Ar. Beau.

568 1804 et 1805. **Peso** avec M̊ . 8R . T . H. F. 6459. 2 ps. Ar. Belles.

569 **Cuartino** de 1796 et 1799. Chateau accosté de M̊ —$\frac{1}{4}$ 2 ps. Ar. belles.

570 **Ferdinand VII.** 1808—1821. 1808. **Médaille** de proclamation ovale au buste du roi en uniforme à g. Comme médaille portative dans une couronne de palmes et de laurier. Médaille offerte par le collège de San Ildefonso. m.m. 50/65. Comp. F. 7476. Ar. gr. 46. Belle.
Voir la reproduction.

571 — **Peso** de proclamation. PROCLAMA—DO EN MEXICO etc. F. 6478 Ar. gr. 27. Beau.

572 — **Peseta** de proclamation, même type. F. 6479. Ar. gr. 6.5. Beau.

573 1809. **Medio** avec M̊ . T . H. Ar. t.b.c.

574 1810 et 1811. **Medio** avec M̊ . H . I. 2 ps. Ar. b.c. et t.b.c.

1810. Révolution sous le curé Hidalgo Septembre 1810 — décapité le 27 Juillet 1811.

575 **Toston (4 Reales) de nécessité,** sur une médaille ovale en vermeil de la plus haute rareté. N . S . DS . JUAN D LOS LAGOS. Statuette de Notre Dame. Rev. PROTECTORA—UNIVERSAL EN TODAS—NEC, ... Sur le revers contremarque avec 4R . — MONPROV . DI — HIDALGO — M̊ dans une cercle. Ar. gr. 14.8 t.b.c.

Voir la reproduction.

576 Toston de nécessité. Sur une coupure d'un Peso de Charles IV de 1794, même contremarque. Ar. gr. 17 5 t.b.c.

Voir la reproduction.

577 **Teston de nécessité,** sur une médaille ovale religieuse de V . R . DEL . SMO . CHRI—STO . DE . CHALMA. Le christ à la croix entre deux vases. Rev. MITISSIMUS . APPARUIT—IN—POTIO SUO. Sur le revers le même contremarque. m.m. 28/33. Extrêmement rare. gr. 15. Ar. t.b c.

Voir la reproduction.

578 **Peseta de 1811 avec M̊ . 2R . H . I et de 1821 avec M̊, R.R. I . I.**   F. 6498 et var. inédite. Ar. 2 ps. b.c.

579 **1812. Peseta offerte par l'archevêque de Mexiqc Antonio Bergoso en** mémoire de la constitution de Cadix. F. 6500. Ar. gr. 6.7. F.d.c.

580 **1812. Monnaie obsidionale du Central Junta de ¹/₂ Real.** Aigle sur une plante de Nopal posée sur un pont ET VICE FERD ... GRATIA 1812. Rev. S . P . CONG . NAT . IND . GVV . TSM. Sur un lasso hallebarde et faisceau de flèches. Comp. F. 6504. Rare. Ar. a.b.c.

Voir la reproduction.

581 **1812. Même obsidionale,** variété. Rare. Ar. a.b.c.

Voir la reproduction.

582 **1812? Monnaie obsidionale** coulée en métal. Surmoulage d'un Peseta de Ferdinand VII avec le lasso, hallebarde et faisceau de flèches comme contremarque. a.b.c.

583 **1816. Medio au buste avec M̊ . I . I.** F. 6525 (de 1817). Ar. Beau.

584 — **Double Cuartilla,** monogr. entre M̊—²/₄ Mailliet suppl. pl 56, n. 4. Heiss pl. 67 n. 77. 3 var. Ae. b.c.

585 — **Cuartilla, manque à Heiss,** F. 6520 (de 1815), Mailliet suppl. pl. 56 n. 5 (de 1814). Ae. t.b.c.

586 **1818. Peso avec M̊ . 8R . I . I.** F. 6526. Ae. Beau.

587 **1819. Peso d'oro.** Buste lauré du roi à dr. FERD . VII . D . G . HISP . ET IND . R 1819. Rev. Ecusson oval écartelé et couronné entre M̊—II. Or. Superbe.

588 **1820. Peso comme de 1818.** F. 6528. Ar. t.b.c.

589 **1821. Double cuartilla.** F. 6533. Ae. b.c.

590 — **Real au buste avec M̊ . IR . I . I.** gravure très soignée, comparez type de Heiss pl. 60 n. 61. Ar. Beau.

591 **1821. Proclamation d'Indépendance.** Belle médaille par I. Guerrero. METICO EN LA SOLEMNE PROCLAMACION DE LA INDEPENDENCIA DEL IMPERIO. A 27 DE OCTUBRE DE 1821. F. 6538. Ar. gr. 13.5. F.d.c.

592 **Augustin I. Empereur.** 18 Mai 1822—19 Mars 1823. 1822. **Médaille
d'inauguration.** INAUGURACION DE AGUSTIN PRIMER EMPERA-
DOR DE MEXICO . JVLIO 21 DE 1822 par Gordillo. F. 6539. Ar. gr.
17. F.d.c.

593 — **Peso.** AVGVST . — DEI . PROV . 1822 . M̊. Buste nu à dr. Rev.
légende commençant en haut. MEX . I . IMPERATOR . CONSTITUT .
8 . R . I . M. Aigle couronné sur une plante de Nopal. F. 6542. Ar. t.b.c.

594 — **Peso pareil,** le bust plus gros. F. 6545. Ar. Beau.

595 — **Peso pareil.** F. 6548. Ar. Superbe.

596 1823. **Peso.** AVGVSTINVS DEI PROVIDENTIA . M̊ . 1823. Son buste
à dr. Rev. MEX . I . IMPERATOR CONSTITVT—8R . J . M. Aigle
sur une plante de Nopal. F. 6561. Ar. t.b.c.

597 — **Médaille** sur son couronnement signée *I. Querrero.* Rev. Aigle cou-
ronné sur une plante de Nopal EN SU SOLEMNE PROCLAMACION
LA CIVDAD DE MEXICO à l'ex. A 24 DE ENERO DE 1823. F. 6557.
Ar. gr. 29. F.d.c.

598 Même pièce. Ar. b.c.

599 **Peseta** de 1822 et 1823. F. 6551 et 6563. 2 ps. Ar. b.c.

600 **Medio** de 1822 et 23. F. 6552 et 64. 3 ps. Ar. 2 ps. a.b.c. 1 ps. F.d.c.

601 **Médaille** sur son couronnement, sous l'aigle *La Patria lo Eleva al
Trono.* F. 6556. Ar. gr. 15. Belle.

Régence provisoire 1 April 1823—10 Octobre 1824.
République 1824—1864.

602 1823. **Peso.** REPUBLICA MEXICANA. Aigle à gauche, avec serpent
dans son bec qu'il tient aussi avec sa patte droite. F. 6567. Rare. Ar. b.c.

603 1824. **Peso,** même type. F. 6569. Ar. t.b.c.

604 — **Peso pareil.** F. 6570. Ar. t.b.c.

605 — **Peso pareil,** autre variété. Ar. F.d.c.

606 — **Peseta.** F. 6572. 2 ps. légèrement variées. Ar. b.c.

607 — **Medio.** F. 6573 et 74 (troué). 2 ps. Ar. a.b.c.

608 1829. **Cuartilla.** M̊ $\frac{1}{4}$ A 1826, var. de F. 6601. m.m. 27.5. Ae. t.b.c.

609 **Cuartilla** de 1830, 31, 32, 33, 34, 35 et 36. F. 6605, 12, 16, 21, 24 et
29. 6 ps. Ae. t.b.c.

610 1832. **Medio Octavo** $\frac{1}{16}$ M̊ . A . 1832. F. 6610. Ae. Beau.

611 1833. **Peso** avec M . J. 10 Ds. var. de F. 6613. Ar. t.b.c.

612 1842. **Medio** avec $\frac{1}{2}$ R M̊ 1842, M. M. et autre avec M. L. Ae. 2 ps.
Belles.

613 — **Octavo** la Liberté assise. Rev. OCTAVO DE REAL 1812 dans une
couronne. F. 6613. Ae. t.b.c.
Voir la reproduction.

614 — **Octavo, monnaie de nécessité ou essai,** sur un flan plus grand $\frac{1}{8}$
De Real 1842. Rev. REPVPLICA MEXICANA. Aigle. F. 6612. Ae. b.c.
Voir la reproduction.

615 — **Cuartina.** Buste de la Liberté à g. M̊ — L. R. F. 6641. Ar. Beau.

616 1843. Peso avec 1843. M. M. F. 6631. Ar. Beau.

617 — Toston en mémoire de la reconstruction de la constitution de 1824. F. 6645. Ar. gr. 13.5. Beau.

618 1847. Medio, F. 6652 et de 1850 F. 6657. 2 ps. Ar. Belles.

619 1855. Peso d'oro = ½ *Escudo*. Or. Beau.

620 — Toston. M̊. 1855. G. F. manque à Fonr. Ar. t.b.c.

621 1861. Essai en cuivre d'un **Demi Onza**. Aigle sur une plante de Nopal tient un serpent dans son bec Y NO SOY que COBRE. Rev. Dextre tenant un bonnet de la liberté et montrant au doigt la loi monétaire, OTAGA ME TOMARA . POR . MEDIA ONZA * 1861 * Lait. Belle.

622 1863. Peseta avec 1633. T. H. F. 6683. Ar. F.d.c.

623 — Centavo, type de l'Octavo n. 614. F. 6686. Ae. t.b c.

624 **Maximilien. Empereur.** 1864—67. **Médaille militaire.** Sa tête à dr. MAXIMILIANO — EMPERADOR, sous la tête E. Falot. Rev. dans une couronne AL — MERITO — MILITAR. m.m. 33. F. 6690. Ar. gr. 14.5. Rare. F.d.c.

625 Ruban pour une décoration, en soie blanc brodée à l'aigle de Mexique sur un sautoir.

626 1864. 10 et 5 Centavos. IMPERIO MEXICANO. F. 6698 et 99. Ar. 2 ps. t.b.c.

627 — Centavo. F. 6700. Ae. a.b.c.

628 1866. Peso à la tête de l'Empereur. F. 6704. Ar. t.b.c.

629 — Toston = ½ *Peso*. F. 6705. Ar. Beau.

630 — **10 Centavos.** F. 6699. Ar. Beau.

631 **République depuis 1867.** 20 Centavos de 1867, ancien type, manque à F. Ar. troué. b.c.

632 5 Centavos de 1867, 68 et 72. 4 ps. Ar. t.b.c.

633 1867. Peso, ancien type, 1867. C. H. F. 6711. Ar. Beau.

634 1868. Toston. M̊. 1868. P. H. F. 6718. Ar. t.b c.

635 1869. Toston, nouveau type aux bascules, et 50 CENTAVOS. F. 6723. Ar. t.b.c.

636 — 5 Centavos. F. 6726. Ar. troué. b c.

637 1869. Centavo. F. 6727 et 1870 F. 673. 2 ps. Ae. t.b.c. et F.d.c.

638 1871. 10 et 5 Centavos avec M ° M. 2 ps. Ar. t.b.c.

639 1872. Peso d'oro. 1 PESO dessus M 875 M °. Or. Beau.

640 **10 Centavos** de 1873 et 1874, 5 Centavos de 1874 avec M ° M et M ° B de 1875 et 76 avec M °. B. et 25 Centavos de 1876. Ar. 6 ps. belles.

641 1882. 25 Centavos aux bascules. Ar. Beau.

642 1883. II et I Centavos. Nickel. Ae. t.b.c.

643 1890. 5 Centavos M °. M. 902.7. Ar. Beau.

644 1898. Peso à l'ancien type. Un PESO M ° 1898 AM. Ar. t.b.c.

645 1880. Prime de l'école Juarez. CONSEJO ESCOLAR DE JUAREZ PREMIO A LA APLICACION 1880. Nickel. f.d.c.

646 1777. Médaille ovale en argent N . S . D . GVADPLVPE . DE MEXI-CO . 1777. Notre Dame. Rev. NON FECIT TALITER OMNI NATIONI— PSAL . 147 VERS 9 M̊. Ar. gr. 10.5. t.b.c. Extr. rare.
Voir la reproduction.

647 **San Francisco-Yxtlahuaca.** 1809. **Médaille** sur la proclamation de

Ferdinand VI. Son buste à dr. en uniforme. Rev. PROCLAMADO EN LA VILLA D . S . FRANᶜᵒ . YXTLAHVACA FOR . D . IVAN GARCIA E LA CVESTA AD ᴍᴏᴿ D . CORREOS Aᵒ 1809. F. 6741. Arg. 11. Belle.

648 **Tacuba**. 1808. Peseta de proclamation de Ferdinand VII. Rev. *Procla-mado- en la villa de Ta-cuba en 6 de Nouiembre de lano de 1808 .for D. Jose Maria Gonzales Calderon-Caballero Maes, trante de la Real des Caballeria de Ronda.* F. 6742. Ar. gr. 6.7 troué. t.b.c.

649 Sierra Hermoşa. Hacienda de Sierra Hermosa. Rev. TRASQVILA. Bélier 80, 40 et 20. 3 ps. Lait. F.d.c.

650 **Toluca**. Médaille de proclamation de Ferdinand VII à Toluca. FERNANDO . VII . REY DE ESPAᴧ E YND. Ecusson couronné. Rev. ANO DE 1809 PROCLAMADO EN LA CIVD . DE TOLVCA POR SU SINDICO Y ASESOR ET . SVS MILIC¹ LIC . D . FRANᶜᵒ GVTTERREZ RVBIN DE CELIS. MANᴸ LOPEZ LOPZ. m.m.34. gr. 18. Ar. F.d.c.
Voir la reproduction.

651 **Tuxpango**. Decimo (10 Centavos sans date) HACIENDA DE TUX-PANGO—MEXICO. F. 6744. Laiton. t.b.c.

652 **Uruachic**. 1873. Peso particulier (100 Centavos N y E Rascon Hermanos). Mineral de Uruachic. F. 6745. Lait. Beau.

653 **50 et 25 Centavos**, même type F. 6746 en 47. 2 ps. Lait. F.d.c.

654 — **12¹/₂ Centavos** pareil, manque à Fonr. Lait. F.d.c.

655 **Chihuàhua Etat**. 1846. Cuartilla. ESTADO LIBRE DE CHIHVAHVA. Indien debout tourné à g. tenant arc et flèche. F. 6735. Rare. Ae. t.b.c.

656 1861. Cuartilla à la Liberté assise. F. 6759. Ae. a.b.c.

Durango Etat. Neuva-Vyzcaya sous le régiment espagnol.

657 **Gouvernement provisional de 1823—24**. 1824. Peso avec 8 R. Dᵒ 1824. R. L. 10 Ds. 20 Gs. F. 6788. Extr. rare. Ar. F.d c.
Voir la reproduction.

658 Peso tout autre gravure. F. 6789. Ar. t.b.c.

659 **Peseta** avec 2 R. Dᵒ. 1824. R. L. 10 Ds 20 Gs. Ar. a.b.c.

660 **Octavo de Nécessité**. 8ᵒ DE REAL dans un cercle, l'inscr. circulaire usé. Droit REPVBLICA MEXICANA. Comp. F. 6778. Ae. a.b.c.

661 1831. **Escudo**. Essai en cuivre doré. F. 6793. F.d c.

662 1832. **Onza, Media-Onza** et **Cuarta de Onza**. Essais en cuivre doré. F. 6795—7. 3 ps. F.d.c.

663 **Guanuaxuato. Etat et atelier monétaire**. 1824. Peso manque à Fonr. * 8R G (ayant au coeur un petit O) 1824. T . M . IODˢ 20 Gˢ . Ar. b.c.

664 1829. **Cuartilla**. ESTADO LIBRE DE GVANAJVATO la Liberté assise à g. regardant à dr. F. 6817 (de 1828). Laiton. b.c.

665 — **Octavo** au même type. F. 6818. Ae. b.c.

666 1830. **Real**, même type. F. 6832 et de 1832. 2 ps. Ar. t.b.c.

667 1838. **Peseta**. 2R . G. 1838. P . J. F. 6845. Ar. Beau.

668 — **Medio**. F. 6847. Ar. Beau.

669 1839. **Toston**, même type. Ar. t.b.c.

670 1841. **Peso**, même type. Ar. Beau.

671 1842. Cuartino. F. 6854, Ar. t.b.c.

672 1856. Cuartilla. EST : LIBE DE GUANAXUATO 1856. F. 6820. Ae. b.c.

673 1857. Octavo, même type. F. 6822. Rare. Ae. t.b.c.

674 1859. Toston. 4R. 1859. P. F. F. 6879. Ar. t.b.c.

675 1864. Maximilien Empereur. 10 et 5 Centavos. F. 6885 et 87. Ar. 2 ps. belles.

676 République. 1867. ½ Real. F. 6889. Ar. F.d.c.

677 1869. 10 Centavos. F. 6891. Ar. F.d.c.

678 25 Centavos de 1871, 5 Centavos de 1871 et 76. 3 ps. Ar. t.b.c.

679 **Jalisco Etat.** 1833. Octavo. ESTADO LIBRE DE JALISCO * 1833 * F. 6898. Ar. t.b.c. Rare.

680 1834. Quarto, même type. F. 6899. t.b.c. Rare.

681 1856. Octavo, même type. F. 6901. Ae. b.c.

682 1861. Medio Octavo, même type. F. 6903. Ae. t.b.c.

683 1862. Cuartilla à la Liberté assise à g. * VNA * CVARTILLA * Rev. F. 6901. Ae. b.c.

684 **Guadalaxara.** Etat. 1813. Peso au buste de Ferdinand VI, comme le Toston. F. 6906 avec GA. 8 R. M. R. Ar. b.c.

686 1844. Medio. $\frac{1}{2}$ R. GA. 1844. M. C. Ar. b.c.

687 **Las Chiapas.** Etat. 1808. Peseta de proclamation de Ferdinand VII. PROCLAMADO EN CIVDAD R. DE CHIAPA. ANO 1808. F. 6924. troué. Ar. gr. 6.5. t.b.c.

688 1822. Peseta de proclamation de l'empereur Augustin. F. 6925. Ar. gr. 3 avec cinq trous. a.b.c.

689 **Guadalaxara. Ville et atelier monétaire.** 1822. Augustin. Empereur. Peso de proclamation offerte par la ville. Buste en uniforme avec manteau de hermines, gravé par Medina. F. 6910. Ar. 26.5. Superbe.

690 **Oaxaca. Etat. Juan Martin Morelos.** 1811—15. 1812. Peseta obsidional. SUD surmonté d'un arc et flêche. Rev. Monogr. de Morelos 2 R—1812. Fonr. 6936. Maill. pl. LXXXIII n. 4. Pièce coulée originale. gr. 6.7. Ar. t.b.c.

691 — Real obsidional. SUD surmonté d'un arc et flêche. Rev. Monogr. dessous 1 R 1812. Ar. gr. 2.7. t.b.c. Inédit.
Voir la reproduction.

692 1813. Peso obsidional, même type. F. 6939. Maill. pl. LXXXIII.2. Pièce coulée originale. gr. 27. Extr. rare. t.b.c.
Voir la reproduction.

693 — Medio Real. ..RICA MORELOS. Lion couronné deb. à g. Rev. . OVICIONAL DEO . . . . arc et flêche. Monnaie obsidionale frappée comp. F. 6948. Ar. a.b.c. Extr. rare.

694 **Oaxaca. Ville.** 1789. Peseta de proclamation de Charles IV. PROCLAMADO. ENLA. CIUDAD DE OAXACA. A. 1789 POR EL ALFEREZ. R. D. FELIPE ORDOÑEZ DIAS. Ar. gr. 6.6. Superbe.

695 1808. Peseta de proclamation de Ferdinand VII. F. 6149. Ar. Beau.

696 1822. Peseta de proclamation de l'Empereur Augustin. Son buste à dr. par Gordillo. Rev. LO TURO EL 8 DE DICIEMBRE DE L ANO 1822 LA M . N . C . DE OJACA. F. 6952. Ar. gr. 6.6. F.d.c.

697 1864. Peso avec × 8 R. O. 1864. F. R. IODs. 20 Gs manque à Fonr. Ar. t.b.c. Rare.

698 **Peubla = Peubla de los Angeles Etat.** 1790. Peseta de procla-
mation de Charles IV, S . P . Q . ANGELOPOLI . IN . PROCLAMA-
TIONE XVI . KAL . FEBRVARIAS MDCCXC. F. 6959. Gr. 6.8. Ar.
Beau.

699 1790. Real de Proclamation pareil. F. 6960. gr. 3.35. Ar. F.d.c.

700 1862. **Médaille décoration** aux volontaires de Peubla TRIUMFO GLO-
RIOSAMENTE DEL EJÉRCITO FRANCES DELANTE DE PEVBLA
EL 5 MAYO DE 1862. Avec ruban original. Ae. doré. Extr. rare. t.b.c.
Voir la reproduction.

701 **Queretaro. Ville.** 1808. **Toston de Proclamation de Ferdinand VII.**
PROCLAMADA EN QUERETARO FOR SV ALFZ RL D . PEDRO
SEPTIEN ANO 1808. * 4 R * Ar. F.d.c.

702 **San Luis Potosi Etat.** 1824? Obsidionale en bois de cèdre estampillé
avec monogr. par E. L. D. P. *Estado Libre de Potosi.* Rev. Fleurs de
lis. m.m. 38/33. Extr. rare. t.b.c.

703 1828. Cuartilla. ESTADO LIBRE DE SAN LVIS POTOSI. Code des-
sus $\frac{1}{4}$ dessovs 1828. Rev. MEXICO . LIBRE. Indienne. F. 6965. Ae. t.b.c.

704 1831. Peso. * 8R . Pı . 1831 . J . S . 10 Ds 20 Gs. F. 6982 (de 1833.)
Ar. Beau.

705 1844. Cuartina avec S . L . Pı. sous le buste. F. 6898. Ar. t.b.c.

706 1866. **Maximilien Empereur.** Peso au buste 1 PESO — 1866. Pı. F. 7007.
Ar. F.d.c.

707 1867. **République. Cuartilla.** LIBERTAD Y SOBRANO DE . S . L
POTOSI . 1867. Manque à Fonr. Ae. b.c. Rare.

708 1870. Peso aux balances UN PESO Pı O. 902.7. Variété de F. 7009.
Ar. t.b.c.

709 1876. 25 Centavos avec Pı H. 902.7. Ar. t.b.c.

710 **Sinaloa. Etat.** 1848. Cuartilla à la tête de la Liberté ESTADO LIBRE
Y SOBERANO DE SINALOA. F. 7011. Ae. t.b.c.

711 1874. Cuartilla à la tête de la Liberté ESTADO LIBRE Y SOBERANO
DE SINALOA. F. 7013. Ae. Beau.

712 **Culiacan. Atelier monétaire.** 1850. Peso de 8 Reales. C. 1850 C. E.
F. 7014. Ar. t.b.c.

713 1875. Peso de 8 Reales. * 8 R. Cɴ 1875 M. P. 10 Ds 20 Gs. manque à
Fonr. Ar. F.d.c.

714 **Sonora. Etat.** 1859. Cuartilla. EST° LIBᴱ Y SONORA. Aigle. Rev.
VNA CVARTILLA DE REAL. 1859. La Liberté assise à g. F. 7036.
Ae. t.b.c. Rare.

715 — **Monnaie obsidionale d'un demi Real,** sur un demi Real de Mexique
de 1843 monogr. de *Sonora,* la monnaie usée, monogr. t.b.c. troué. Rare.
Voir la reproduction.

716 1868. Cuartilla, même type que de 1859. Ae. b.c. Rare.

717 **Real de los Alamos, ville et atelier monétaire.** 1871. Peso. * 8 R.
A. 1871. D. L. 10 Ds. 20 Gs. F. 7038, Ar. Beau.

718 1875. 50 Centavos (Toston) nouveau type, 50 CENTAVOS. As. L. 902.7.
10 Centavos, même type. 2 ps. Ar Belle.

720 **Tabasco. Etat.** 1790. **Médaille de proclamation de Charles IV.** Son
buste lauré à g. CARLOS . IV . REY . DE . ESPANA . Y . DELAS .
INDIAS. Rev. PROCLAMADO — POR EL LICENCIADO — D ˣ LO-

RENZO × SANTA MARIA × EM LA × PROVINCIA DE TABASCO ×
× A$\overline{\text{N}}$O DE × × 1790 × m.m. 21. Br. Superbe.
Voir la reproduction.

721 **Tlapacoyan. Ville.** 1865. **Monnaie de nécessité d'un Octavo** de bois de
Caoba légende pressée dans le bois TLAPA COYAN au centre 865 pour
1865. (Mm. 38.) Rare.

722 **Vera Cruz. Etat.** 1789. **Médaille de proclamation de Charles IV.** Son
buste à dr. par Gil. Rev. NOV * VERACRVZ * PROCLAM * AN * 1789.
m.m. 40. Br. Belle.

723 **Huatusco. Ville et atelier monétaire.** s.d. 1 Real obsidional sur
un flan en laiton $\frac{\text{HU}}{\text{IR}}$ estampillé. m.m. 19. t.b.c.

724 1880. 50 Centavos avec H ° A. 902.7. Ae. t.b.c.

725 1891. Peso ancien type. * 8 R. H°. 1891. F. G. 10 Ds. 20 Gs Ar. t.b.c.

726 **Orizaba.** Toston de proclamation de Charles IV. 1790. A CARLOS IV
REY — DESPANA . Y . DE LAS . YNDIAS. Rev. ENSU — PRO-
CLAMACION — LA MUI — LEAL VILLA . D ORIZAVA . EN 11 D
ABRIL 1790. F. 7044. Ar. gr. 13.5. Rare. F.d.c.

727 **Xalapa** (Jalapa). Ville. **Toston de proclamation de Ferdinand VII** en
1808. F. 7050. Ar. gr. 13.5. Superbe.
Voir la reproduction.

728 **Yucatan. Etat. Campèche. Ville.** 1790. **Real de proclamation** de
Charles IV. PROCLAMADO * EN * CAMPECHE * POR * JVAN *
PEDRO * YTORALDE * F. 7055. Ar. gr. 3.4. troué. t.b.c.

729 **Zacatécas Etat.** 1825. ESTo. LIBE. FEDo. DE ZACATECAS 1825.
Pyramide, dessous QUARTILLA. Rev. Ange tenant fanon avec bonnet
de la Liberté. F. 7056. Laiton. t.b.c.

730 1832. Octavo, même type. Laiton. t.b.c.

731 **Sombrereta ville.** 1811. **Peso obsidional** frappé par le général **Vargas.**
Sur un flan rond, poinçon avec armoiries (CA)XA DE S(OMBRETE).
Rev. S couronné entre deux colonnes 1811 et VARGAS, dessous 3.
F. 7070. Extr. rare, manque à Mailliet. Ar. b.c.

732 1812. Peso obsidional frappé par le général **Vargas.** R . CAXA de
SOMBR.... Ecusson écartelé et couronné. Rev. VARGAS. S entre deux
colonnes 1812 et dessous 3. F. 7073. Maill. Suppl. pl. 69.1. Ar. b.c.

733 **Zacatecas. Ville et Atalier monétaire.** 1811. **Monnaie obsidionale**
de 2 Reales. FERDIN . VII . 2—R . DEI GRATIA 1811. Armoiries
écartelés à deux fleurs et deux châteaux. Rev. MONEDA . PROVISIO-
NAL DE ZACATECAS. Comp. F. 7082. Manque à Mailliet. Ar. b.c.
troué.   *Voir la reproduction.*

734 1841. Peso obsidional, écusson écartelé à deux châteaux et deux lions.
Sous les montagnes 18 rosaces. Var. de Fonr. 7085 et de Mailliet pl.
CXXVII n. 2. Ar. t.b.c. Rare.
Voir la reproduction.

735 1811. Real obsidional, même type. Ar. a.b.c. Rare.

736 1812. Obsidionale de 2 Reales, au même type. F. 7089 avec 15 rosaces.
Manque à Mailliet. Ar. b.c.

737 1821. Peseta. Z. 2 R. A. G. Ar. a.b.c.

738 — Real avec Z. I. R. A. Z. Ar. troué. b.c.

739 1822. **Médaille de proclamation de l'Empereur Augustin.** F. 7105. gr. 14.7.
Ar. Belle et rare.

739*a* 1828 Peso * 8R. Z^{S} 1828. A . O . 10 D^{S} 20 G^{S}. Ar. t.b.c troué.

740 1840. Real. 1 R. Z^{S} 1840. OM. 10 Ds 20 Gs. Ar. t.b.c.

741 1847. **Toston** avec 4 R. Zs 1847 O. M. 10 Ds, 20 Gs. F. 7140. Ar. t.b.c.

742 1860. **Medio** avec $\frac{1}{2}$ R. Zs 1860. V. L. Ar. F.d.c.

743 1863. **Peseta,** même type. F. 7155. Ar. t.b.c.

743*a* 1868. **Toston** * 4 R. Z^S. 1868. Y. H. 10 D^S 20 G^S Ar. Beau.

744 1870. **25 Centavos.** Zs H 902.7. F. 7162. Ar. Beau.

745 — **Peso aux bascules.** Zs H. 902.7. Ar. Beau.

L'Amerique Centrale.

Republica de Guatamala.

A. Capitanat Espagnol.

746 1747. **Demi Real de proclamation** du roi Ferdinand **VI** . FERD . VI . D . G . HIS ET . IND . REX . Buste à dr. Rev. G . IN . EIUS . PROCLAMAT . 1747 . Cavalier à g. au dessus de deux montagnes, Rare. Ar. b.c. troué.

747 **Charles III** 1760. **Real de proclamation.** Buste à dr. rev. Cavalier galopant à dr. au dessus de deux montagnes F. 7185. Ar. Usé et troué.

748 1764. **Real** au colonnes d'Hercule VTRAQVA VNUM ⊛ G ⊛ 1764 ⊛ Ar. t.b.c. *Voir la reproduction.*

749 1773. **Real** au buste avec G . IR . P . Ar. b.c.

750 **Charles IV** 1789. **Toston** (4 Reales) **de proclamation.**

751 — *Peseta* de 1789, 1790, 1791 et 1804 et Real de 1795 et 1799. F. 7190. 6 ps. Ar. t.b.c. et b.c.

752 **Ferdinand VII** 1808. **Peseta de proclamation.** FERNANDO × VII × ANO × I × DESUREINA . Son buste à dr. dessous r.ᴄ.ᴀ. 1808. Rev. GUATEMALA . ANO . 284 . DESULEALT' Armoiries couronnées entre 2—R. Ar. F.d.c. Fort rare.

753 **Real** même sujet. Rev. INTER . SUSPIRIA . FIDES . F. 7193. Ar. t.b.c. troué.

754 1812. **Peseta** en mémoire de la constitution de Cadix. F. 7195. Ar. a.b.c. troué.

755 — Même pièce. Ar. F.d.c.

756 1818 **Medio Real,** 1819 **Real** et 1821 **Real** au buste, manquant à Fonr. 3 ps. Ar. t.b.c.

757 1820. **Peseta.** F. 7200. Heiss pl. 66 n. 61. Ar. t.b.c.

758 1821. *Cuartino* avec G $\frac{1}{4}$ F. 7205. Ar. t.b.c.

759 **Indépendant depuis 1821.** 1821. Médaille sur la déclaration de l'indépendance. Un natif sculptant sur un obélisque. *15de Septiembre de 1821 Generl Gainza* dessus l'écusson aux trois montagnes, à l'entour GUATEMALA . LIBRE E INDEPIENTE. Rev. Génie tenant deux hémisphères. EL LIBRE OFFRECE PAZ. PERO EL SIERVO JAMAS. m.m. 48, gr. 41. Fonr. 7206. Superbe.

760 (1821.) **Medio Peso obsidional**, sur une pièce de 4 Reales de Ferdinand VII de 1818 fr. à Sevilla, contremarque au soleil montant au dessus de trois montagnes, dans le ch. R—G (Republica Guatemala. Inédit.

Voir la reproduction.

761 **Sous le Mexique. 1822—23**. 1822. Real de proclamation au buste de l'Empereur Augustin. Son buste à g. Rev. GUAT. EN. LA. PROCLAM DE SV Iᵣ EMP. Fonr. 7207. Ar. Beau.

762 **Indépendance absolue depuis 1824** 1824. Peso. REPUBLICA DEL CENTRO DE AMERICA. Soleil montant au-dessus de cinq montagnes. Rev. Arbre entre 8—R. LIBRE CRESCA FECUNDO. fr. à NG (Neuva Guatemala. F. 7210. Arg. Beau.

763 1824. Real, même type. NG. M. 10. D. 20 G. Fonr. 7214. Ar. t.b.c.

764 — **Medio Real**, même type. F. 7215, troué. Ar. t.b.c.

765 1827. Peso, même type, comme F. 7211. Ar. Beau.

766 — 2 Escudos (4 Peso's) même type. F. 7221 de 1828). Or. gr. 6.8. Superbe.

767 1829. Peso, même type. F. 7223. Ar. Beau.

768 1835. Peso, même type, manque Fonr. Ar. Beau.

769 1831. **Cuartino**. Soleil montant au dessus de 3 montagnes dessous 1831— Rv. Arbre entre G—$\frac{1}{4}$ F. 7225. 2 var. t.b.c. et Cuartino de 1840 b.c. 3 ps. Ar.

770 1840. Peso, même type. Fonr. 7229. Ar. Beau.

771 1847. Peso, même type. F. 7235. Ar. t.b.c.

772 — Real en mémoire du 21 Mars. F. 7236. Ar. trou rebouché, b.c.

773 **Rafael Carrera Président 1851—1865**. 1851. Real sur la constitution. F. 7237. Ar. b.c. troué.

774 1860. Peso à la tête du Présid. Rev. I PESO 1860. Or. Beau.

775 1859. Real à la tête de Carrera à g. F. 7240. Ar. t.b.c. et Medio Real. Ar. b.c. troué.

776 1860. **Medio Peso** (4 Reales) a la tête de Carrera. F. 7242 Or. t.b.c.

777 — Medio Peso en argent signé Frehner, Real au lion. Ar. 2 ps. belles y ayouté Medio Real Ar. b.c.

778 1861. Peseta (Dos Reales), même tête, (m.m. 26¹/₄) et Real même type. F. 7249 et 50. Ar. 2 ps. Belles.

779 — ¹/₄ *Real* au lion couronné. Ar. Beau.

780 1862. Peseta (m.m. 24.5) Real et Medio 3 ps. Ar. t.b.c.

781 1863 Méd. militaire, campagne contre **San Salvador**, au buste lauré de Carrera à g. m.m. 24. Nickel t.b.c. troué.

782 — *Toston*. (4 Reales) même tête, signé Frehner. F. 7255. Dos Reales et Real. 3 ps. t.b.c.

783 1864. Peso, Peseta et Real. 3 ps. belles.

784 1865. Peso, Toston, Peseta, Real et Medio. 5 ps. Ar. t.b.c.

785 1866. Peso, à la tête de Carrera, type conservé d'après sa mort. Fonr. 7266 de 1867. Ar. t.b.c.

786 Peseta et Real, même type. F. 7265. 2 ps. Ar. t.b.c.

787 1867. Peso, Toston et Real. 3 ps. Ar. t.b.c.

788 1868. Toston, Real, nouveau type (3 Ex.) 4 ps. Ar. t.b.c.

789 1870. Peso au buste, **Medio Peso** (50 Centavos) nouveau type, (2 Ex.) **25 Centavos au buste** (2 Ex.) Ar. 5 pièces. t.b.c.

790 1871. **Peso** au buste, manque Fonr. Ar. t b.c.

791 1872. **Peso, Peseta** et ¹/₄ **Real,** nouveaux types. F. 7281, 82 et 87. Ar. 3 ps. belles.

792 1873. **Toston** et **Peseta.** F. 7284 et 85. 2 ps. t.b.c.

793 1874. **Real,** nouveau type. Comp. F. 7282. Ar. t.b.c.

794 ¹/₄ **Real** de 1878 (2 Ex.), 1879 (2 types), 1880 (4 ps.) et 1886. 9 ps. Ar. t.b.c.

795 1881. *Peseta* à la Justice assise, 1881 et 82. *25 Centavos,* même type. 3 ps. Ar. t.b.c.

796 ¹/₄ **Real** de 1872, 75, 76 et 98. 4 jolies ps. Arg.

797 1882. **Peso.** Buste lauré de la Liberté à g. en haut * LIBERTAD * en bas UN PESO. 0.900. A. E. Rev. REPUBLICA DE GUATEMALA. Charte posé sur deux fusils en sautoir. Beau.

798 ¹/₈ **Real** en nickel de 1869 et 70. 2 ps. t.b.c.

799 ¹/₂ **Real** de 1894. Ar. F.d.c.

799*a* **Cuartillo** particulier. *Farmacia I. M. Ochaita.* Et. t.b.c.

800 **Real** particulier. **Juan Matheu de Guatemala.** Rev. Plante de Nopal. Laiton. F.d.c.

801 **Quesaltenaga del Espiritu Santo.** 1808. Peseta de proclamation de **Ferdinand VII.** Rev. + — QUESAL — * TENANGO * PROLAMAC . I . AVGVSTA . R . R dans un entourage de fleurs de lis. Fonr. 7291. Ar. Superbe. Extr. rare.

Voir la reproduction.

802 **1 Centavo** particulier. TADEA PACHECO ˣ Rev. ˣ QUEZALTE NAGO au centre I. Ae. F.d.c.

Republica de Costa Rica.

803 **Obsidionale** de 2 **Reales** (1845?) sur un Peseta espagnol au droit Contremarque tête de femme à g. COSTA RICA — 2 . R. au revers, Contremarque, entouré de HABILITAD POR EL GOB . comp. Fom. 7293 petit troué. Ar. t.b.c.

804 **Obsidionale** de 2 **Reales,** sur un peseta de Ferdinand VII fr. à Madrid 1823, les mêmes. Contremarques. Ar. t.b.c.

805 **Obsidionales** de 2 **Reales,** sur un peseta da Madrid de 1784 les mêmes contremarques. Ar. a.b.c.

806 1831 **Peso.** REPUBLICA DEL CENTRO DE AMERICA . Soleil montant sur cinq montagnes. Re. LIBRE CRESCA FECUNDO CR (Costa Rica). F . 10 Dᵒ. 20 Gˢ. Arbre entre 8. R. Manque à Fonr. Ar. Beau et rare.

807 — **Real** et **Medio,** même type comp. F. 7299 et 3000 2 ps. Ar. t.b.c.

807*a* 1837. **Quatre Escudos,** type du Peso, arbre entre 4. — E dessous CR . E . 21 . Qˢ. gr. 13.5. Or. Superbe et Rare.

808 1842. **Demi Real obsidional,** EST . D'. . COSTA . R . Grande étoile posée sur des branches de palmes et de laurier et contremarqué au centre d'une étoile. Rev. Arbre accosté de $\frac{1}{2}$ — R à l'en haut 10 D. 20 G. en bas M. M. 1842. Extr. rare. t.b.c. mais troué.

Voir la reproduction.

809 1846. **Obsidionale de 2 Reales,** sur un Peseta barbare Hispano-americano, poinçon de 13 m.m. REPUB. DEL. CENT. DE AMER. Soleil au

dessus de trois montagnes Rev. HABILITADA EN COSTA RICA arbre entre 2—R. F. 7306. Ar. b.c. **Rare.**

809*a* 1846. Real au même type. Fort rare. Ar. 156.c.

810 1847. Réal au buste de femme vo.lée et demie nue, sur la constitution du 21 Janvier. F. 7314. Ar. t.b.c.

811 — Demi Real type de 1831. F. 7316. Ar. t.b.c.

812 1848. Demi Escudo au soleil au dessus des trois montagnes. F. 7318. gr. 1.6. Or. Belle et rare.

813 1849. Real au buste de femme voilée et demie nue. Rev. Arbre entre 1—R o REPUBLICA DECOSTA—RICA o 1849. 3 variétés. Fonr. 7322—24. Ar. t.b c.

814 1850. **Monnaies obsidionales** contremarquées d'un lion à g. entouré de HABILITADE POR EL GOBIERNO. **Escudo de 1849 type du Peso n. 806** F. 7304 avec le contremarque de deux côtés. Or. t.b.c.

815 **Demi Escudo** de 1849 au même type, avec le contremarque de deux côtés. Or. t.b.c.

816 **Real** de 1831 et de 48, même type avec un contremarque. 2 ps. **Ar.** b.c. et t.b.c.

817 **Demi Real** de 1847 (2 var.) et 48, même type, avec un contremarque. 3 ps. Ar. t.b.c.

818 1850. **Demi Escudo.** REPUBLICA DE COSTA RICA. Ecusson avec navire à trois mâts sur la mer, derrière trois montagnes, en bas 1850. Rev. Indienne tenant arc et flèches se reposant contre une colonne, en haut CENTRAL AMERICA en bas. 21 Q^s $\frac{1}{2}$ E IB. F. 7328. Or. Belle et rare.

Voir la reproduction.

819 — Même pièce, frappée en argent. b.c.

820 — **Peseta,** même écusson. Rev. Arbre et $\frac{1}{4}$ P°. Ar. t.b.c.

821 — **Real** au même type avec $\frac{1}{8}$—P°. F. 7331. Rare. Ar. Beau.

822 — **Real** au buste de femme. Rare. Ar. Beau.

823 1855. Real $\frac{1}{8}$ P°. **Demi Real** $\frac{1}{16}$ P°. armoiries et arbre (2 ps.). 3 ps. Ar. F.d.c.

824 50 Centavos (Medio Peso), même type de 1865, 66 et 70. 3 ps. Ar. b.c.

825 25 Centavos, même type de 1864 et 65. Ar. 2 ps. b.c.

826 10 Centavos de 1865, 70 et 75. Armoiries et arbre. 3 ps. Ar. t.b.c.

827 5 Centavos, même type de 1865, 69 et 75. 4 ps. b.c. ou t.b.c.

828 Nickel Centavo de 1865, 66, 68 et 74. 5 ps. t.b.c.

829 1871. Un Peso, droit comme l'Escudo de 1850. Rev. UN — PESO dans une couronne, dessous AMERICA CENTRAL en bas 21 Q^a C. W. Or. t.b.c.

830 1872. **Republica de Costa Rica. Essai de Diez et de Cinco Centavos.** Nickel. 2 ps. F.d.c. Extr. rare.

831 Essai d'un **Centavo,** les armoiries des deux côtes, sans legende. Ae. et Etain 2 ps. F.d.c.

832 — Essai d'une pièce de **7 Centavos.** Armoiries sans légende. Rev. 7 dans un cercle entouré d'une couronne de laurier. Ae. F.d.c.

833 **San Iosé Centavo** particulier de Nanne et Aguilar. F. 7366. **Rare** Br. F.d.c.

Nicaragua Républiques,

Leon de Nicaragua sous les Espagnols.

834 **Charles II** 1693. **Toston** (4 Reales) barbare type de Fonr. 7369. contremarqué aux cinq montagnes, troué, m.m. 24 gr. 17.5. Extr. rare b.c.

835 1799. *Cuartine*. Chateau entre NR — $\frac{1}{4}$ comp. F. 7371. Ar. t.b.c.

836 1802 et 1810. *Real* au buste. NR . IR . I . J . manque à Fonr. 2 ps. Ar. t.b.c.

837 1808. *Cuartino* pareil F. 7371. Ar. t.b.c.

837a 1808. **Real de proclamation de Ferdinand VII.** 7375 troué. Ar. b.c.

838 1816. **Peseta** NR . 2 R . F . I . Ar. t.b.c. troué.

839 1817. **Cuartino,** comme F. 7371. A. t b.c.

840 1819. **Peseta.** NR . 2 R . F . I. Fonr. 7379 et 80. 2 var. b,c. et t.b.c.

841 **Convention entre Nicaragua, Honduras et San Salvador. 1849—
51.** Obsidionale d'un Peso, sur un Peso irrégulier fr. en 1733 pour le
Mexique, contremarque, soleil au dessus de trois montagnes. Fonr. 7385.
Ar. gr. 26.7. t.b.c. troué.

842 **Peso obsidional.** Piastre barbare en forme de botte, au même contremarque. Heiss T. 49.74. Ar. gr. 28. t.b.c.
Voir la reproduction.

843 **Peso obsidional.** Sur une Piastre barbare fr. à Potosi en 1725, même
contremarque. Ar. t.b c.

844 **Peso obsidional,** sur une Piastre barbare fr. à Guatamala en 1751, même
contremarque. F. 7386. Ar. b.c.

845 **Obsidionale de 4 Reales,** sur une pièce de 4 Reales Hispano -Améri-
caine, le même contremarque. Comparez Mailliet Guatemala. Ar. gr. 13.

846 **Obsidionale de 4 Reales,** sur une pièce de 4 Reales Hisp.—Amér. le
même contremarque. Ar. b.c.

847 **Obsidionale de 2 Reales,** sur une pièce de 2 Reales barbare, même
contremarque. Ar. gr. 6.45. b.c.

848 **Obsidionale de 2 Reales,** sur un Peseta fr. à Lima en 1832, même contremarque. Fonr. 7389.

849 **Peso obsidional,** sur une Peso de Bolivia fr. à Potosi en 1834 derrière
le buste le même contremarque, au revers, soleil posé sur un arc, une
flèche et un fourreau, contremarque dont firent usage les espagnols
pendant le siége de Lima en 1824. Beau et rare.

850 **Peso obsidional** pareil, seulement le contremarque devant le buste.
Ar. t.b.c.

851 **Obsidionale d'un Real,** sur un Real barbare contremarque avec le soleil
au dessus de trois montagnes et R—G. Inédit. Ar. b.c.
Voir la reproduction.

852 **Nicaragua seul.** Nickel Centavo. 1878. REPUBLICA DE NICARAGUA,
écusson au soleil au dessus de cinq montagnes. t.b.c.

853 1880. 10 **Centavos,** armoiries, bonnet de la liberté au dessus des montagnes. Ar. t.b.c.

854 — *5 Centavos,* même type. Ar. t.b.c.

Républica de Honduras (Conféderation de Guatemala).

Monnaies frappées à Tegucigalpa.

855 1830. **Real.** *Republica del Centro Amer.* Rev. Arbre. *Libre cresca fecundo.* F. 7394. 2 var. Ar. b.c. et t.b.c.

856 1831. **Peseta (2 Reales),** même type. F. 7395 et 96. 2 var. Ar. b.c. et t.b.c.

857 1852. **Obsidionale de 4 Reales,** même type. MON : PROVISIONAL DEL EST . DE HOND ·:· 2 var. Fonr. 7413 et 15. Bill. t.b.c.

858 1857. **Obsidionale de 8 Reales,** même type. 2 var. F. 7425. Bill. et Ae. b.c.

859 — **Obsidionale de 4 Reales,** même type le 7 de 1857 surfrappé sur 6. Ae. b.c.

860 1858. **Obsidionale de 8 Reales,** même type. F. 7431. Ae. b.c.

861 1862. **Obsidionale de 2 Pesos.** Pyramide accosté de 2 Sous. MONEDA PROVISIONAL DE HONDURAS. Rev. Arbre. F. 7441. Ae. Belle et rare. *Voir la reproduction.*

862 — **Obsidionale d'un Peso,** au même type. F. 7442. Ae. t.b.c.

863 1869. ¹/₃ **Real,** ¹/₄ et ¹/₈ **Real.** (Coin de Barre.) 3 ps. Nickel. F.d.c.

864 s d. **Essai** uniface d'un ¹/₄ **Real** en aluminium. REPUBLICA DE HON-DURAS. — America Central, par Barre. Fonr. 7393. F.d.c.

865 1870. **Real** en Nickel, par Barre. t.b.c.

866 1871. **25 Centavos,** type de n. 861 (2 Pesos). Rev. Arbre entouré d'une couronne de laurier et accosté de 25—C à l'entour Dios Union Libertad 15 de Set 1821 0.900. Ar. t.b.c.

867 — **25 Centavos** à la Liberté debout. Ar. t.b.c.

868 1872. **Essai** d'un ¹/₄ **Real** en aluminium. ¹/₄—Real—1872 dans une couronne. Rev. ESSAI—DE—MONNAIE. Fonr. 7455.

Republica de San Salvador.

Capitanat Espagnol.

869 **Ferdinand VII.** 1808. **Real** sur son proc'amation Son buste à dr. FER-NANDO . VII . RY DE . ESP . E INDIAS. Rev. PROCLAMADO . EN . S . SALVADOR . DE . G. Montagne dessous 1808. Rare. F. 1764. b.c. troué.

870 **Republique depuis 1821.** 1828. **Obsidionale de 2 Reales,** MONEDA PROVISIONAL 1828. Vulcan fumant Rev. POR LA LIBERTAS SALV. 10 Ds. 20 Cs. Colonne surmonté du bonne de la Liberté entre 2—R. t.b.c. Extr. rare. trou rebouché. Ar. *Voir la reproduction.*

871 **1830. Obsidionale de 4 Reales.** Sur un Toston de Charles III de 1784 pour le Mexique, contremarque avec montagne entre s—s. dessous 1830. Ar. Extrèmement rare.
Voir la reproduction.

872 — **Obsidionale de 2 Reales.** Sur un Peseta fr. à Lima en 1828, Contremarque montagne dessous 1830. Ar. t.b.c. Rare.
Voir la reproduction.

873 **Gerardo Barreos President 1858—1865**. 1863 ? **Obsidionale de 2 Reales.** Sur un Peseta espagnol de 1807, contremarque dans un grénétis l'écusson de San Salvador au vulcan fumant. Ar la monnaie C³ le poinçon C¹. Extr. rare.

874 — **Obsidionale d'un Real.** Sur un Real fr. à Potosi en 1783 le même contremarque. Rare. Ar. t.b.c.

875 — **Obsidionale d'un Real.** Sur un real barbare Hispano americano, le même contremarque. Ar. b.c.

876 **Cerrillos. Medio Real** particulier 1864. Sous une couronne de laurier. V. N—1864. Rev. $\frac{1}{2}$ YNG° SAN SALVADOR — CERRILOS. Fr. 1471. Ra. Et. b.c.

877 **Santa Ana**. 1808. **Réal de proclamation** de Ferdinand VII. Son buste cuirassé à dr. Rev. SANTA ANA — GRANDE . EN . G . POR SU LEAL AYUN TAMIENTO I.R. Fonr. 7472. Ar. Beau et Rare.

878 — **1831. 2 Reales obsidional,** sur un Peseta de Honduras fr. à Tegucigalpa, contremarque de SA entrelacé. Comp. F. 7395. Ar. t.b.c.
Voir la reproduction.

Indes occidentales. République d'Haiti.

Colonie Française St. Dominge. Sous la république française 1792—1803.

879 **s. d. Escalin.** REPUBLIQUE FRANÇAISE. La Liberté debout, tenant faisceau de flèches et lance surmonté du bonnet à l'ex. . . . . Rev. COLONIE DE SAINT DOMINIGUE dans le champ UN—ESCALIN. Fonr. 7474. Rare. Zay 81 Ar. t.b.c.

880 **Centime** s. d. LA LIBERTE. Bonnet sur une lance, le tout sur un fond strié (d'azur), deux côtés semblabes. Ae. t.b.c. **Inédit.**
Voir la reproduction.

881 **Henri Christophe Président des Nègres du Nord-Ouest.** 1807. Escalin (15 Sols), LIBERTAS . RELIGIO . MORES é'cusson au monogr. Rev. La Liberté debout var. de F. 7480. Rare t.b.c.

881*a* Même pièce, variété. Rare. Ar. a.b.c.

882 1807. **Centime,** Pièce d'Essai. Buste du président de face en uniforme HENRI CHRISTOPHE PRESIDENT. 1807. Rev. LE GOUVERNEMENT DE HAYTI UNE CENTIEME. F. 7484. Ae. Superbe. Extr. rare.
Voir la réproduction.

883 Même pièce variété de gravure. F. 7484. Ae. t b.c.

884 1808. **Gourdin (Double Escalin) 30 Sols.** Pièce d'Essai LIBERTAS

RELIGIO MORES. *H. C.* sous une couronne de laurier à l'ex, 1808.
Rev. La Liberté assise accoudé sur un écusson. MONNOIE D'HAITY
à l'ex. 30 Sols. F. 7485. Superbe.
Voir la réproduction.

885 — Escalin, 15 Sols. Pièce d'essai, au même type. F. 1486. Ar. gr. 4.3.
Superbe.

886 — ¹/₂ Escalin, 7¹/₂ Sols, même type, pièce d'Essai. gr. 3.2. Ar. Superbe.

887 — ¹/₄ Escalin à l'écusson au monogr. Rev. La Liberté deb. entre 7—6.
7 Shilling 6 deniers. F. 7495. Ar. t.b.c.

888 — Demi Escalin pareil avec LIBERETAS (sic). Ar. t.b.c.

889 **Henri I Christophe, roi des Nègres au Nord Ouest.** 1811. Dollar
(Double Gourde) au buste cuirassé et lauré. HENRICUS DEI GRATIA
HAITI REX, sous le buste 1811. Rev. DEVS CAVSA ATQVE GLADIVS
MEVS L'AN 8. Ecusson couronné. F. 7496. Ar. gr. 30.9. Extr. rare. Superbe.

890 1812. **Gourde** (Pièce d'Essai) sous le buste ESSAY. m.m. 28. F. 7499.
Br. Belle.

891 1820. **Dollar (Double Gourde).** Pièce d'Essai, sur flan bruni, type de 1811.
F. 7501. Ar. gr. 25. Superbe.

892 — **Double Gourde** pareil, fr. sur flan bruni, l'écusson accosté de H
couronné et de LM (Ludovica Maria) couronné. F. 7205. Extr. rare.
Superbe.   *Voir la reproduction.*

893 **Alexandre Petion, Président de la république des Mulattes au**
Sud-Ouest. 1801—1818 Gourdin (25 Centimes), an 10 (1813). REPU-
BLIQUE D'HAYTI AN 10 dans un serpent 25 *C. Rev. Palmier devant
deux canons et autres armatures. Fonr. 7503 et 4. 3 ps. variés. Ar. t.b.c.

894 Même pièce, sous le palmier P. (Port au Prince.) Rare. Ar. t.b.c.

895 An 10. **Demi Real** (6 Centimes), même type. F. 7507. Rare. Ar. t.b.c.

896 An XI (1814). **Gourdin, 25 Centimes.** F. 7509 et 10. 3 ps, var. Ar. t.b.c.

897 **Real, 12 Centimes.** F. 7511 et 12. 3 var. Ar. t.b.c.

898 An 12 (1815). **Gourdin** 2 var. et **Real** 3 var. 5 ps. Ar. t.b.c.

899 An 13 (1816). **Gourdin.** F. 7520 et 21. 2 ps. Ar. t.b.c.

900 An 14 (1817). **Gourdin** à la tête du président **A. Petion.** Rev. au palmier.
F. 7522—26. 8 var. Ar. t.b.c.

901 — **Real** au même type. F. 7527—30. 8 var. Ar. t.b.c.

902 **Jean Pierre Boyer, Président du Sud-Ouest depuis 1818, de**
l'Est depuis 1820 et de tout l'Ile depuis 1822—43. An 15 (1818).
Gourdin 2 var. et **Real** au buste du président à g. F. 7532 1 var et ¹/₂
Real F. 7535. 7 pièces. Ar. Belles.

903 An 24 (1827). **Gourdin.** 5 pièces (4 var.) et **Real** (4 pièces). F. 7537, 38
et 41. 9 ps. Ar. t.b.c.

904 An 25 (1828). ¹/₂ **Gourde** (50 Centimes). F. 7542 et 43 (3 var.). *Gourdin.*
F. 7544. Ar. (2 var.)

905 An 26 (1829). **Gourde** (100 Centimes). F. 7546 et 47 (3 var.) Lot intéressant de 4 pièces. t.b.c.

906 — ¹/₂ **Gourde** F. 7549 (2 var.) et **Gourdin** F. 7550. 3 ps. Ar. t.b.c.

907 1829. **Deux Centimes** au faisceau de flèches avec an 26 et 1829. F. 7552.
2 var. Ae. b.c.

908 An 27 (1830). **Gourde** (100 Centimes) 2 var. Fonr. 7556 et 57. ¹/₂ **Gourde**
F. 7558. 3 ps. Arg. 2 Centimes. 1830. F. 7559. Ae. (2 var.) Centime F. 7560.
Beau. 6 pièces.

909 An 28 (1831). ¹/₂ Gourde F. 7561 (2 var) Gourdin F. 7563. 3 ps. Arg.
2 Centimes F. 7564 (2 var.) 1 Centime F. 7565 et 66. 4 ps. Ae. ensemble.
7 ps. t.b.c.

910 An 29 (1832). ¹/₄ Gourde F. 7569. Arg. t.b.c. 1 Centime F. 7569. Ae. t b.c.

911 An 30 (1833). Gourde et ¹/₂ Gourde. F. 7571 et 72. 2 ps. Ar. Belles.

912 1840. Deux Centimes F. 7575 et 76 (3 variétés) et Centime F. 7577 (3
variétés). Ensemble. 6 pièces. Ae. t.b.c.

913 1841. Deux Centimes F. 7578 et 79 (3 variétés) et Centime F. 7580, 81
(3 variétés). Ensemble. 6 pièces. Ae. t.b.c.

914 1812. Deux Centimes F. 7582. 2 var. Centime F. 7⁻84. 2 var. 4 ps. Ae. t.b.c.

915 **Louis Pierrot, Président de la République des Nègres au Nord-
Ouest. 16 Avril 1845 – 1 Mars 1846.** 1846. (3 Sous) 6¹/₄ Centimes.
F. 7585. Rare. Ae. t.b.c.

916 — 2 Centimes, sur un demi cercle le faisceau de flèches (3 ps. dont
deux à F.d c) et 1 Centime (2 ps. dont une à F.d.c.) 5 ps.

917 — 2 Centimes F. 7590 et 91 (3 var.) Centime F. 7593 (4 var.) 7 ps.
Ae. t b.c.

918 **Jean Baptist Riché, Président de la même république. 1 Mars
1846 – 27 Février 1846.** 1846. Six Centimes, 2 Centimes et Centime.
F. 7594 – 7602. Ae. 11 pièces.

919 **Faustin Soulouque, Président de la même république du 27
Février 1847 — 26 Aout 1849.** 1849. 6 Centimes F. 7604 (2 var.) et
2 Centimes F. 7606 et 7. Ae. 4 ps. t.b.c.

920 **Comme Empereur Faustin I. 1849 — 58.** 1850. Deux Centimes, même
type, seulement EMPIRE D'HAITI. Fonr. 7611. Extr. rare. Ae. Beau.

921 1850. (3 Sous) 6¹/₄ Centimes au buste couronné de Faustin I. F. 7612
(3 Ex.) et 2 et 1 Centimes aux armoiries. F. 7614—16. 6 pièces. Ae. Belles.

922 1854. Gourde (Pièce d'Essai). FAUSTIN I. EMPEREUR. Son buste lauré
en uniforme, dessous ESSAI. Rev. EMPIRE D'HAITI. Armoiries couronnées entre 1—G dessous 1854. Ar. gr. 4.95. Superbe. Extr. rare.
Voir la reproduction.

923 **Nicole Fabre Geffrard, président de la même république. 1858 —
67.** 1863. 20, 10 et 5 Centimes à la tête du président. 3 ps Ae Belles.

924 1863. 20 et 10 Centimes. 2 ps. Ae. F.d c.

925 1877. 20 Centimes d'Essai, à la tête de la Liberté, fr. à Bruxelles Nickel.
m.m. 22.5 Superbe.

926 — 20 Centimes d'Essai, même type, fr. à Bruxelles. Br. m.m 30. Superbe.

927 — *10 Centimes* d'Essai à la Justice assise, fr. à Bruxelles. 2 variétés
avec LIBERTE × EGALITE et EGALITÉ × EGALITÉ. 2 ps. Nickel.
Superbes.

928 1881. Gourde (5 Francs de 25 grammes) à la tête de la République gravé
par Roty. Ar. Beau.

929 — 20 Centimes (1 Francs) et 10 Centimes, même type. Ar. 2 et 1 Centimes. Superbes.

930 1882. Gourde, 50 Centimes et 20 Cents, même type. Ar. Beau.

San Domingo. Republica Dominacana.

931 **Sous les Anglais. 1809—14** Cuartilla ou Penny sans date. TVRCV PELLERIVS buste barbare à g. dessous I.K. Rev. HISPANIOLA. Femme assise à g. tenant heaume, de côté le soleil levant. F. 7621. Ae. Rare. t.b.c.   *Voir la reproduction.*

932 Cuartilla. s.d. MAXIMUS. Tête de Nègre. Rev. NON PLUS . ULTRA écusson blanc. Ae. 3 var. t.b.c.

933 **Sous les Espagnols. 1814—22.** Cuartilla obsidional. s.d. F. 7 sous une couronne. Rev. S.D dans une couronne de laurier. Ae. t.b.c.

$$\frac{1}{4}$$

I

934 Cuartilla obsidional. Rev. S.D dans une couronne. 2 var. Ae. b.c.

4

935 **Pedro Santana, Président de la république des Mulattes au Sud-Est. 1844—48.** 1844. Cuartilla. REPUBLICA DOMINICANA * Rev. $\frac{1}{4}$ 1844. Même pièce de 1848. 4 ps. Ae. t.b.c.

936 3 Obsidionales, sur un Cent des États Unis de 1848 contremarque *S.D* dans un carré, sur un Cent usé contremarque S : D et sur un Cent usé estampillé $_{SD}^{N}$ 3 ps. Ae.

937 1877. 5 Centavos. REPUBLICA DOMINICANA. Livre de la constitution ouvert, dessous 1877. Rev. 5 Centavos dans une couronne. Nickel. Beau. Rare.

938 1882. 2½ Centavos. Le livre posé sur un écusson, dessous 1887. Nickel. t.b.c.

Colonies danoises aux Indes Occidentales.

St. Croix, St. Jean et St. Thomas.

939 **St. Thomas.** Occupation anglaise. 1807—15. Obsidionale sur un penny de George III tourné, contremarque avec ST. THOMAS. m.m. 36. Ae. Unique.

940 Christian VI. 1730—46. 1740. XII Skilling. XII . SKIL . DANSK . FOR . DE . DANSK . AMERIC . INSVLER. 4 pièces variées. Ar. t.b.c.

941 1740. 2 Skilling. DANSK . AMERIC EYLAND . KAAB MYNT. Ae. Beau et rare.

942 — 1 Skilling, même type. Ae. Beau et fort rare.

943 Frederic V. 1746—66. 1748. XII Skilling au buste, sous le buste W. Comp. F. 7642. Ar. Beau.

944 1748 XII Skilling au monogr. F. 7644. Ar. Beau.

945 1757. XII Skilling. F. 7645. Ar. Beau.

946 1763. XXIIII Skilling. F. 7646. Ar. Beau. XII Skilling. F. 7647. (3 var. t.b.c. et b c.

947 1764. **XXIIII Skilling.** F. 7648. var. **XII Skilling.** 7651. 2 ps. Ar. Belles.

948 — Mêmes pièces. t.b.c. y ajouté. **XXIIII Skilling** en cuivre. t.b.c.

949 1765. **XXIIII Skilling** et **XII Skilling.** 2 ps. Ar. t.b.c.

950 1766. **XXIIII Skilling.** F. 7653. Ar. F.d.c.

951 — Même pièce avec la faute AMERIKANSK . M. Ar. t.b.c.

952 1767. **XXIIII Skilling.** Ar. Beau et variété. t.b.c. 2 ps.

953 — **XII Skilling.** F. 7655—57. 5 pièces, 3 variétés. Ar. t.b.c.

954 — **XXIIII, XII** et **VI Skilling,** 3 pièces belles, y ajouté VI Skilling
en cuivre.

955 Pièces de **II Skillings** reducés expédiés aux Indes Occidentales d'après
ordonnance royal du 13 Juin 1776. II Skilling de 1711, 14, 15 et 16.
7 pièces variées. Billon.

956 **Frédéric VI.** 1808—34. **XX Skilling** et **X Skilling** de 1836, **II Skilling**
de 1837. Ar. 3 ps. belles.

957 1834. Médaille à la tête laurée de Frédéric VI, les droits civiques ac-
cordés aux mulattes. INCOLAE LIBERI . COLORATI . INSULAR
DANIÆ IN . IND . OCC . IN CIVITATEM RECEPTI . par F. Krohn.
Etain bronzé. m.m. 60. Rare. t.b.c.

958 **Christian VIII.** 1839—48. **XX Skiliing (Double Real)** et **X Skilling (Real)**
de 1840. Ar. 2 ps. Belles.

959 1845. **Double Real** et **Real.** Ar. 2 ps. Belles.

960 1847. **Double Real, Real** (2 pièces) et **Sou** (2 Skilling). 4 ps. Ar. Belles.

960*a* **Frédéric VII. 1848—63.**

    a. **Monnaies de nécessité,** contremarquées aux **Indes Occidentales**
avec FR couronné, pendant la première guerre de Schleswig-Hol-
stein contre la Prusse. 1848—51.

961 **Dollar** des Etats Unis de l'Amérique de 1842 avec le contremarque sur
la Liberté. F. 7670. Beau et rare.
Voir la reproduction.

962 **Dollar** pareil de 1847 avec le même contremarque. Beau et rare.

963 **Demi Dollar** des Etats Unis au buste de 1834, au même contremarque.
Beau et rare.   *Voir la reproduction.*

964 **Demi Dollar** de nécessité sur un Demi Dollar au même type de 1836,
même contremarque. Rare. Ar. t.b.c.

965 Même pièce sur un **Demi Dollar** à la Liberté assise de 1850, même
contremarque. Rare. Ar. Beau.

966 ¹/₄ **Dollar** de nécessité sur un quarter **Dollar,** au buste de 1832, même
contremarque. Ar. t.b.c. Rare.

967 Même pièce, sur un **quarter Dollar** à la Liberté assise de 1849, même
contremarque. Ar. t.b.c. Rare.

968 **Cent** de nécessité, Cent des Etats-Unis de 1795, au même contremarque.
Ae. t.b.c. Rare.

969 **Cent** pareil de 1797, même contremarque. Ae. t.b.c. Rare.

970 **Cent** pareil de 1800, même contremarque. Ae. t.b.c. Rare.

971 **Cent** pareil de 1805 et 1807, même contremarque. 2 ps. Ae. t.b.c. Rare.

972 **Cent** pareil de 1816, même contremarque. Ae. t.b.c. Rare.

973 **Cent** pareil de 1819, même contremarque. Ae. t.b.c. Rare.

974 **Cent** pareil do 1822, même contremarque. Ae. t.b.c. Rare.

975 **Cent** pareil de 1839, même contremarque. Ae. t.b.c. Rare.

976   Cent pareil de 1843, même contremarque. Ae. t.b.c. Rare.

977   Cent pareil de 1847, même contremarque. Ae. t.b.c. Rare.

978   Halfcent pareil de 1808, même contremarque. Ae. t.b.c. Rare.

979   Halfcent pareil de 1809, même contremarque. Ae. t.b.c. Rare.

980   Halfpenny de **Virginia** de 1773, même contremarque. Ae. t.b.c. unique.

981   Twopence anglais de 1797, an buste de George III, même contremarque.
      Ae. t.b.c. unique.
                        Voir la reproduction.

982   Irishpenny au même buste de 1805, même contremarque. Ae. t.b.c.

983   Penny de **Barbados** de 1788 au même contremarque. Ae. t.b.c. unique.

984   40 Reis du Brésil de 1826 fr. à **Pernambuco,** même contremarque. Ae.
      t.b.c. unique.
                        Voir la reproduction.

985   **Six Centimes de Haiti** de 1850, même contremarque. Ae. b c. unique.

986   20 Reis réducé à **10 Reis** de 1830 du **Brésil,** même contremarque. t.b.c.
      unique.

      Cette collection intéressante faisant partie de la collection Bergsoë est com-
      pleté par les soins du Conseiler d'Etat le Consul Bramsen, qui a reuni tout ce
      qu'il pourrait retrouver aux Indes Occidentales. Ces pièces font défaut à toutes
      les collections de monnaies obsidionales. Les nos. 961, 965, 967 proviennent de
      la collection Fonrobert.

987   1848. **Double Real, Real** et **Sou** F. 7675—77. 3 ps. belles.

988   1859. $^2/_5$, $^1/_{10}$, $^1/_{20}$ **Dollar (20, 10 et 6 Cent)** et **3 Cents** à la tête du roi.
      4 ps. Arg. à F.d.c.

989   Cent de 1859 et 1860. Br. 2 ps. belles.

990   1862. $^1/_5$ et $^1/_{10}$ **Dollar** à la tête. Ar. 2 ps. belles.

991   **Christian IX** depuis 1863 Cent de 1868 à l'écusson. Br. F.d.c.

992   1878. $^1/_5$ **Dollar (20 Cents)** à la tête du roi. Ar. F.d.c.

993   — $^1/_{10}$ **Dollar (10 Cents)** même tête. Ar. F.d.c.

994   — $^1/_{10}$ **Dollar (5 Cents)** même tête. Ar. F.d.c.

995   — Cent à l'écusson. Br. F.d.c.

996   1879. **20, 10** et **5 Cents** à la même tête et Cent à l'écusson 3 ps. Arg.
      et 2 Br. F.d.c. Rare.

St. Thomas Monnaies particulières.

997   Louis Delinois 5 et 3 Cent. 5 C ou 3 C à l'entour LOUIS DELINOIS
      — MEXICAN TOKEN. 2 ps. laiton. F.d.c.

998   G. Beretta 10 Cent. G. B superposés à l'entóur E PROBITATE DECUS
      * St superposés. Rev. **G. Beretta.** St THOMAS 10e Mexic. Nickel.
      F.d.c.   *Voir la reproduction.*

999   5 Cent (2 Ex.) même type. 3 ps. Nickel. F.d.c.

1000 **C. A. Daniel & Co.** *5 et 1 Cent Mexicantoken* (2 ps.) Nickel. 3 ps. t.b.c.

1001 **A. Burnet.** 5 Ct. Mexican St. Thomas. Nickel t.b.c. 1 Cent, sur flan
      de laiton. estampilé A . BURNET. t.b.c. 5 Cent pareil, au revers
      poinçon **carré.** avec **M X 5** st. Laiton t.b.c.

1002 **Delvalle & Co.** V, 3 et 1 Cent Mexicain. 3 ps. Nickel. F.d.c.

1003 Mêmes pièces, seulement V et I Cent. 2 ps. Nickel. t.b.c.

1004 **Fratelli Copello et C**ie. 5 Cent Mexicain. Nickel, 1 Cent Cuivre. 2 ps. belles.

1005 **G. Ferrrarini.** 10 et 5 Cent Nickel et 1 Cent Ae. 3 ps. F.d.c.

1006 **D. G. Fonseca.** 5 Cent octogone et 1 Cent rond. 2 ps. Lait. Belles.

1007 **O. French & Co.** 5 Cent Nickel, 10 Cent oval 5 et 1 Cent rond. Lait. 5 ps. t.b.c.

1008 **G. Leviti.** 10 Cent Mexicain, deux types. Nickel a et b, et *Cent.* Ae. type a, 5 ps. t.b.c.

1009 **A. Lugo & Co.** 1 Cent Nickel, valeur gravé dans un chapeau. t.b.c.

1010 **I. Müller & Co.** 5 et 1 Cent (2 Ex.), même type. 3 ps. Lait. et autre avec 5 C. MEXIC — ST. THOMAS Nickel et 1 C. Ae. 5 ps. F.d.c

1011 **Thomas Pearson & Co.** 10 Cent oval, 5 et 1 Cent rond. Mexican Token, uniface. 3 ps. Laiton. F.d.c.

1012 **G. Peirano & Co.** 5 Cents (2 ps.) **Peirano et Favale.** 5 Cents, 3 ps. rondes. Nickel.

1013 **Russell Bro.** 1888 X, V et III Cents rond, 1890 V et III Cent (2 ps.) rond et 2 Cent octogone 7 ps. belles. Nickel.

1014 **R**do **D. Senior.** 5 C. Mexic. Nickel, 1 Cent, Ae. 2 ps. F.d.c.

1015 **R. Senior & Co.** 5 Cent Nickel et 1 Cent, Ae. F.d.c.

1016 **J. H. Souffront.** 5 Cent (2 Ex.) et 1 Cent **Mexican Token.** Uniface. 3 ps. Laiton.

1017 **H. Toussaint.** 5 Cent Nickel (2 var) 1 Cent, Ae. (2 var.) 4 ps. t.b.c.

1018 **A. Vance & Co.** 5 Cent Nickel et 1 Cent Ae. 2 ps. t.b.c.

1019 Marques carrées oblongues pressées sur fer w B & Co — 1 cent. 2 ps.

1020 Marques pressées sur cuivre, **du Hamburger Amerik. Packetfahrt Geselschaft à St. Thomas,** écusson avec $\frac{H\ A}{P}$ posé sur un ancre avec $^{A\ C}$ ¹/₂ *Cent* ou sans valeur. 2 ps.

1021 Plaque carrée en zinc d'un Cent Mexicain avec Y pressé, du Royal **Mail Steam Ship Company.**

1022 Plaques ovales en Zinc avec 1 ou ¹/₂ estampillée de **G. C. T.** de la **Compagnie générale transatlantique.**

Colonies Françaises aux Indes Occidentales.

1023 **Louis XV.** 1721. Sou fr. à **Rochelle,** aux deux L posés en sautoir. F. 7687. Zay n. 6. Ae. t.b.c.

1024 1722. Sou, même type. F. 7687. Zay n. 7. Ae. t.b.c.

1025 1767. Sou, aux deux sceptres en sautoir. F. 7706. Ae. Beau.

1026 — Même pièce, deux variétés. Ae. b.c.

1027 **République française.** 1792—1804. Même pièce usée, contremarquée de R F dans un oval. (Contrem. t.b.c.) Ae.

1028 **Louis XVIII.** 1824. **Décime.** Essai à tranche unie, tête à g. Rev. Monogr. couronné, manque à Zay. Ae. F.d.c.

1029 **Charles X.** 1827 et 28. Décime au buste lauré. 2 ps. Br. t.b.c.

Isles du Vent. Martinique. Guadeloupe.

1030　Louis XV. 1731. Livre (12 Sols) au buste du roi. Zay n. 9. Ar. Beau.

1031　1731. Même pièce. et demi Livre. Ar. a.b.c.

1032　1732. Livre, même type. Ar. b.c.

1033　**Guadeloupe**, occupation anglaise. 1815—16. **Obsidionale.** Gourde de
　　　10 Livres, Peso de la Mexique de 1809 avec découpure carrée et
　　　contremarqué G couronné des deux côtés. Comp. Fonr. 7717. Zay
　　　n. 5. Ar. gr. 22. Belle et rare.
　　　　　　　　　Voir la reproduction.

1034　**Guadeloupe retour à la France depuis 1816.** Gourde de
　　　nécessité. Peso de 1821 fr. à Zacatécas, avec découpure carreé devant
　　　le buste. Zay. n. 5 var. Ar. Beau. Rare.
　　　　　　　　　Voir la reproduction.

1035　20 Sols de nécessité, découpure dentelée et carrée, poinçonnée d'un
　　　G rayonnant. Zay n. 6. Ar. t.b.c. Rare.

1036　Jeton Octogone au buste du roi Charles X. Rev. BANQUE DE LA-
　　　GUADELOUPE, ORDONN^ce DU ROI DU 10 DEC^bre 1826. Ar. gr.
　　　23. Superbe.

1037　**Les Saintes.** Obsidionale. Bit à Huit Livres sur la moitié découpé
　　　d'une piastre Hispano américano de Charles IV, quatre fois contre-
　　　marque de S L superposés, gr. 13.5. Ar. Belle et Extr. rare.
　　　　　　　　　Voir la reproduction.

1038　**Obsidionale de six livres.** Sur environ le tiers d'une Piastre Hispano-
　　　americano, trois fois contremarqué de S L superposés. Ar. t.b.c. Fort
　　　rare.　　　　　　　*Voir la reproduction.*

1039　Même pièce, de forme variée, aussi avec les trois contremarques.
　　　Ar. t.b.c. Fort rare.

1040　Obsidionale de deux livres. Peseta fr. à Potosi en 1773 contremarqué
　　　de S L superposé, la monnaie a.b.c. le contremarque t.b.c.

1041　Obsidionale de deux livres, sur une monnaie française usée, même
　　　contremarque. Ar. b.c.

1042　Obsidionale de deux livres, sur un Escalin (XII pence) de Guillaume
　　　III d'Angleterre, le même contremarque. La monnaie usé, le contre-
　　　marque t.b.c. Extr. rare.

1043　Obsidionale d'un Livre, sur une découpure d'une piastre espagnole,
　　　même contremarque. gr. 2.8. Ar. t.b.c. Extr. rare.
　　　　　　　　　Voir la reproduction.

1044　1674. **La Martinique.** Médaille au buste de Louis XIV. Victoire de
　　　la flotte française sur les Hollandais. COLONIA FRANCORUM AMÉ-
　　　RICANA VICTRIX. à l'ex. *Batavis ad Martinicam Caesis ac fugatis.*
　　　Br. Belle.

1045　Obsidionale d'un Sou, sur un Sou de Cayenne de 1789, un M comme
　　　contremarque. Billon t.b.c.

1045a　Real obsidional, Real fr. à Lima en 1753, percé en coeur et rayé de
　　　deux côtés, comparer Zay 51. Ar. t.b.c. Rare.

1046　Demi Réal obsidional, percé en coeur, le bord de la découpure rayé
　　　sur les deux faces. Zay 51. Ar. t.b.c. Rare.

1047 **Six Sous** de nécessité, sur un Real espagnol usé contremarqué de 6 en forme de coeur.

1047*a* **Quatre Sous de nécessité,** sur un *Medio* du Mexique de 1759, poinçon avec 4 couronné, dessous M. Zay n. 56. Ar. b.c **Rare.**

1047*b* **Sept sous de nécessité,** sur un Livre des Isles du Vent poinçon avec 7 couronné, dessous M. manque à Zay. Ar. b c.
Voir la reproduction.

1047*c* **Deux Sous de nécessité,** sur une pièce de cinq Centimes de la république française fr. à Strassbourg, poinçon avec coeur couronné. Zay 59. Ae. t.b.c.

1048 **Fort Saint Pierre obsidionale de 2 Sous,** sur une monnaie de cuivre usée. S P superposé comme contremarque. Inédite.
Voir la reproduction.

1049 **Obsidionale,** Pièce de 2 Skilling de Frédéric VI de 1810. poinçonnée de S P à rebours. Ar. t.b.c.

1050 **St. Martin.** Partie française. **Monnaie de nécessité,** sur une monnaie danoise de Frédéric IV, contremarque avec T.   Ar. t.b.c. Extr. rare.
Voir la reproduction. S . M

Ci-devant Colonies espagnoles aux Indes occidentales.

Porto Rico, Cuba, Havane, Matanzas, Trinidad.

1051 **Peso de Nécessité,** sur un Peso du Pérou fr. à Lima en 1829, contre marque avec F. 7° sous une couronne. Ar. Beau.
Voir la reproduction.

1052 **Peso de Nécessité,** sur un Sueldo de Bolivia fr. à Potosoi en 1832, même contremarque. Ar. t.b.c.

1053 **Havane.** 1834. **Toston** de Proclamation d'Isabella II à Habana gr. 10. F. 7739. Ar. Beau.

1054 — **Réal** de proclamation. F. 7740 Ar. t.b.c.

1055 **Peso Obsidional** sur un Peso de Santiago de 1834. contremarque Y. II sous une couronne (Isabella II) Ar. t.b.c.

1056 **2 Centavos** particulier, avec des lettres incuses MORALES PONCE PUERTO RICO laet. t.b.c.

1057 **Santa Maria del Rosario.** 1834. **Peseta** de proclamation en 1834. F. 7745. Ar. gr. 5.7. Belle pièce.

1058 **Trinidad, Médaille coulée de proclamation** de la reine. Isabella II à **Trinidad,** variété de Fonr. 7747 avec la date au revers et non sous le buste. Ar. gr. 8.4. Extrêmement rare.
Voir la reproduction.

1059 **Monnaie Obsidionale.** Sur un Penny usé de George III. TR sous une couronne. Ae. Rare.
Voir la reproduction.

1060 1867. **Médaille en Vermeil** offerte par la garde nationale au Lieutenant Général **Don Francisco Lersundi y Ormaechea.** m.m. 41, gr. 30. Extr. rare.
Voir la reproduction.

1061 **Toston de Nécessité.** Une pièce de 4 Reales de Mexique, fr. à Guanu-axato en 1863 contremarquée de C. Ar. t.b.c.

1062 **Peseta** sur un Peseta de proclamation de 1823 contremarque un carré formé par deux cadres posés sur deux pals, au centre étoile, des deux côtés. Ar. t.b.c.

1063 **Peseta** espagnol de 1789, même contremarque. Ar. a.b.c. contrem. t.b.c.
Voir la reproduction.

1064 **Peseta** de Madrid de 1808, même contremarquè. Ar. t.b.c.

1065 **Peseta** espagnol de 1812 au buste de **Joseph Napoleon** même contre-marque, fut troué. Ar. a b.c.

1066 **Médaille** militaire ovale portative, à la tête du roi **Amedeo I** offerte aux voloutaires de Cuba. m.m. 40/60 gr. 25. Ar. Superbe et rare.
Voir la reproduction.

1067 **Matanzas. Philippe IV.** 1628. Belle médaille sur la prise de la flotte d'argent venant du Mexique par l'amiral hollandais **Piet Heyn.** van Loon II éd. fr. 171, éd. holl. 173 n. 2. Fonr. 7742. Ar. gr. 84. t.b.c. Rare.
Voir la reproduction du revers.

1068 **Viques, une des petites Antilles.** Obsidionale de 1856. Real (Bit) sans date, sur une coupure d'une piastre Hispano-Américano, contre-marque une étoile dont trois rais sont visible. Ar. t.b.c.

1069 **Double Real** sur une pièce de XX Skilling des Indes danoises de 1816, étoile à 12 rais. Ar. t.b.c.
Voir la reproduction.

1070 **Real** sur une pièce de X Skilling pareil de 1848, même contremarque. Ar. t.b.c.

1071 **Cuartina** sur un Sou (II Skilling) pareil de 1816 ou de 47, même contremarque. Ar. 2 ps. belles.

1072 **Cuarto** sur un Penny usé de George III, même contremarque. Ae.

1073 **Cuarto** pareil, sur une monnaie de cuivre usé pareil, même contre-marque. Ae.

1074 **Cuarto** pareil, sur un Halfpenny de George III de 1808; même con-tremarque Ae. t.b.c.

1075 **Cuarto** pareil, sur un Penny usé de George III, même contremarque avec T . D dans un carré. Ae.

1076 **Cuarto** pareil, sur un Skilling de Frédéric VI, même contremarque. Ae.

1077 **St. Barthélemy. Possession Suédoise aux Indes Occidentales.** Monnaie de nécessité sur un Peseta espagnol de Phil. IV, couronne comme contremarquc. Rare. Ar. b.c.
Voir la reproduction.

1078 2 Sous de Cayenne de 1789 contremarqué d'une couronne. Zay 39. Billon. t.b.c.   *Voir la reproduction.*

1079 2 Sous de Cayenne, contremarqué d'une couronne.
Voir la reproduction.

1080 Monnaie de billon fort usé, contremarquée de la même *couronne.*

Colonies Neerlandaises aux Indes Occidentales.

1081 1794. **Pièce de trois florins fr.** à Utrecht sous l'écusson W (West-Indie). F. 7762. Verkade pl. 204 n. 1. Belle et rare.

1082 — **Florin** au même type. F. 7763. Verkade pl. 204 2. Ar. Beau.

1083 — ¹/₄ **Florin,** même type, et ¹/₁₀ Florin au grand W. F. 7765 et 66. Verkade pl. 204, 3 et 4. 2 ps. Ar. Belles.

1084 (1815) s.d. **Sou uniface,** monogramme de W. I. C. sous une couronne. Ae. F. 7767. b.c. Extrêmement rare.
Voir la reproduction.

1085 **Curaçao. Occupation anglaise. Monnaie de nécessité. 18 Sous.** Sur une coupure un quart d'une Piastre Hispano-Americano est contre-marqué une fleur à cinq pétales. Ar. t.b c.
Voir la reproduction.

1086 **12 Sous.** Sur une coupure pareille ¹/₈ de Piastre, même contremarque. Ar. t.b.c.

1087 **6 Bits,** sur une Piastre Hispano-Americano, découpée en pièce ronde de 22. m.m. et pesant 9.5 gr. contremarque avec 6 couronné. Ar. Extr. rare. *Voir la reproduction.*

1088 **3 Bits,** sur la moitié d'une pièce pareille 3 couronné Ar. Extr. rare.
Voir la reproduction

1089 **Pièce de 9 Sols.** Sur un real usé espagnol., contremarque en forme de cour avec 9. Ar. b.c.

1090 1818. **Curaçao de retour sous le gouvernement Neerlandais.** Obsidionale de 9 Sous. sur une coupure d'un florin Neerlandais, contremarque ovale avec *C.* Ar. gr. 2.5 t.b.c.
Voir la réproduction.

1091 1821. **Real (6 Sous).** Bâton de Mercure et plante de Maïs CURACAO 1821. Rev. 1 REAAL * Fonr. 7780. Ar. t.b.c.

1092 1822. **Stuiver** (¹/₆ Real) CURACAO — 1822 — * Rev. 1 **Stuiver.** Ar. t.b.c.

1093 **Stuiver** particulier de Jessurun et C°, J. & C°. Rev. 1 STUIVER. Nickel. t.b.c.

1094 — **Obsidionale de 3 Reaux où 18 Sous,** Coupure de Piastre espagnole ¹/₆ avec 3 comme contremarque.

1095 **Saint Eustache. St. Eustatius, Occupation Francaise 1781— 1801. 2 Sous.** Sur un double Sou de Cayenne, contremarque avec S E Bill.

1096 **St. Martin Partie Neerlandaise. Obsidionale de 16 Sous,** sur une Coupure d'une Piastre (¹/₆) contremarque. St. MARTIN et faisceau de flêches. Ar. t.b.c. Rare.
Voir la reproduction.

1097 — Même pièce, légèrement variée. Ar. t.b.c. Rare.

1098 **Date,** Une monnaie de cuivre usé, le faisceau comme contremarque

Colonies anglaises aux Indes occidentales.

1099   1763. **Dollar obsidional,** sur une Piastre aux Colonnes de Mexique de 1757. G R dans un cercle dessous estampilé 1763. Rev. le même contremarque G R sur fond d'azur. Superbe pièce unique.
Voir la reproduction.

1100   — **Dollar Obsidional,** sur une Piastre pareille de 1756 contremarque avec G R de deux côtés. Extr. rare. Ar. Superbe.

1102   1763. Sur un Real fr. à Lima en 1758, même contremarque un peu plus petit, de deux côtés.
Voir la réproduction.

1103   **Penny,** sur un Halfpenny de 1751. Contremarque avec W . D O P Westindien Dominion. 1 Penny. Ae. b.c.
Voir la reproduction.

1104   Billon 3 Pence. Buste de George I lauré à g. GEORGE RULES. Rev. La Britannie assise à g. BRITANIAS à l'ex. JSLES. Extr. rare b.c.
Voir la réproduction.

1105   1836. **Antigua.** Farthing, Palmier entre $\frac{1836}{\text{Н С}}$ dessous ANTIGUA F. 7793. Ae. Beau.

1106   Monnaie de Nécessité de 4 Pence, sur un Four pence de Victoria de 1845 grand A. Ar. b.c.

1107   Monnaie de nécessité, sur 6 Pence de Victoria de 1845 usé, A comme contremarque, PHILPOT et plusieurs autres poinçons. Ar. b.c.

1108   **Bahama.** George III 1806. Halfpenny son buste à dr. Rev. Navire dessus BAHAMA à l'ex. *Expulsis Piratis Restituta commercia.* F. Atkins p. 313 n. 2. Ae. t.b.c. Rare.

1109   **Barbados.** 1788. Penny au buste de Nègre à g. dessous I . SERVE un cou M. Rev. Ananas. BARBADOES . PENNY . 1788. Fonr. 7799. Atk. n. 4. Br. Essai (Proof.) F.d.c.

1110   — Même pièce. Atk. 5. Ae. Belle.

1111   — Même pièce, sous le buste IMIGTON F. F. 7798. Atk. ? Essai (Proof.) Ae. Superbe.

1112   1792. Penny, même droit, au cou M. Rev. Le roi George comme Neptune dans un char trainé sur les ondes par deux cheveaux, en haut BARBADOES PENNY à l'ex. 1792. F. 7801. Ae. Beau.

1113   — Même pièce, frappé sur coin brisé. Ae. Beau.

1114   — ¹/₄ Penny au même type, fr. en Essai (proof.) Ae. F.d.c.

1115   **Bermuda = Sommers Islands.** Restitution d'un Shilling au sanglier à g. dessous XII lég. SOMMER * ISLANDS. Rev. Navire. Atk. Fonr. 7805. Ae. F.d.c.

1116   1793. Penny au buste de George III. Rev. Navire à trois mâts, au lointain montagne. BERMUDA 1793. F. 7806. Atk. 19. Essai (*Proof.*) Ae. Beau.

1117   **Grenada.** Monnaie de nécessité de 9 Bits, sur un ¹/₄ Peso mexicain fr. à Guanuaxata de 1853, poinçon avec 9 . G. Ar. t.b.c.

1118   **Inagua. Iles Bahama.** Monnaie de nécessité de 6 Pence, sur une monnaie en argent usé, poinçon avec I couronné. Ar. b.c.

1119   Monnaie de nécessité pareille avec 1 dans le ch. W̊ F. Ar. b.c.

1120 **Jamaica.** 1822. **Half Dollar.** Armoiries écartelées dans un cartouche. GEORGIVS IV D : G : BRITANNIARUM REX. Rev Ancre couronné entre II—II COLONIAR : BRITAN : MONET : 1822. F. 7812. Atk. Ar. Beau et rare.

1121 $^1/_4$, $^1/_8$ et $^1/_{16}$ **Dollar** au même type. F. 7813/5. 3 ps. Ar. Belles.

1122 1869. **Penny** et **Half penny** à la tête couronnée de Victoria. Nickel. 2 ps. Belles.

1123 **Halfpenny** de 1870 et 80. Nickel. 2 ps. Belles.

1124 1822, **3 Pence**, *Proof*, manque à Atkins, buste lauré à g. Rev **3** entre 18—22 sous une couronne. Ar. F.d.c.

1125 **William IV. Three-Halfpenny Pice** de 1834 et 36. Atkins 71 et 73. 3 ps. Ar. t.b.c.

1126 **Victoria. Three Halfpenny Pice** de 1838 et 60, **Three pence** de 1873. Atkins 76 et 75. 3 ps. Ar. t.b c.

1127 **Kingston.** Penny particulier. Sur un Penny anglais usé, poinçonné W — R — COOPER — KINGSTON sous une couronne. Ae.

1128 **Half penny** — dans le ch. JAMAICA, sur le bord élevé avec caractères incuses ONE HALF — PENNY CURRENCY. Atkins n. 42. Ae. Beau et rare.

1129 **Nevis. Monnaie de nécessité d'un Shilling.** Coupure d'un Peso de Chili ($^1/_6$) poinçonné avec ⊢S$\overset{N}{\underset{\Lambda}{E}}$ Ar. gr. 7. t.b.c. Extr. rare.
Voir la reproduction.

1130 **Monnaie de nécessité,** sur une monnaie usé contremarque avec NEVIS. Ar. Contremarque. t b.c. *Voir la gravure.*

1131 — Sur un Sou de billon de Cayenne de 1789, même contremarque. t.b.c.

1132 — Sur une monnaie de cuivre usé, même contremarque.

1133 — Sur un Skilling danois usé N gothique. Ae. t.b.c.
Voir la reproduction.

1134 **Monnaie de nécessité de 7 Penny,** sur une pièce de 2 Livres usée. NEVIS dessous 7. Ar.

1135 **Santa Lucia. Occupation anglaise 1803/14.** Obsidionale de six **Livres,** sur une coupure d'une Piastre Hispano-Américane de 1786 contremarque avec S. LUCIE. Ar. gr. 15, monnaie b.c. poinçon t.b.c. Extr. rare.   *Voir la reproduction.*

1136 **Obsidionale de six Livres,** sur une coupure de 1796 pareille S . LUCIE, légèrement varié. Ar. gr. 15. t b.c. Extr. rare.
Voir la reproduction.

1137 **Obsidionale de trois Livres,** sur une coupure d'environ le tiers d'une Piastre, même contremarque. Ar. Extr. rare. Superbe.

1138 Obsidionale de $2^1/_2$ Livres, sur une coupure pareille d'environ le quart d'une piastre, même contremarque. Ar. gr. 5.8.

1139 Même pièce, légèrement variée. Ar. t b.c.

1140 Obsidionale d'un Livre et demie, coupure triangulaire au même contremarque. Ar. gr. 3.8. Extr. rare.
Voir la reproduction.

1141 **Obsidionale d'un Sou,** sur un Halfpenny anglais usé de 1801 SL comme contremarque. Ae.

1142 **Livre,** Coupure ronde à bord dentelé. Grand L dans un entourage rayonnant. Belle pièce. Ar. Unique.
Voir la reproduction.

1143 **St. Vincent. Occupé par les Français 1779—82.** Monnaie de
Nécessité de 8 Livres sur une demi piastre de Mexique, quatre fois
monogr. avec S V superposés. Ar. t.b.c. fort. rare.
Voir la reproduction.

1144 **Monnaie de Nécessité de 6 Livres**, sur une coupure d'une Piastre
Hispano-americano. 3 contremarques avec S V superposés. Atkins
p. 319 n. 50. Ar. t.b.c. Extr. rare.
Voir la reproduction.

1145 Même pièce légèrement variée.

1146 **Monnaie de Nécessité de 2 Livres**, sur une coupure de Piastre, un
contremarque pareil. Ar. gr. 2.8.
Voir la reproduction.

1147 Livre obsidional, sur une monnaie ronde de billon usé, le même
contremarque. gr. 3.6 Extr. rare.

1148 Même pièce, même contremarque, surmonté de H ⊛ D . Extr. rare.

1149 1797. George III 1782–1820. Méd. rare au buste de George III à dr.
sur la victoire de St. Vincent Rev. Autel couronné sur lequel
HOWE — ST. VINCENT — DUNCAN à l'entour ROYAL THANKS-
GIVING AT ST. PAULS à l'ex. *Dec . 19 . 1797.* Mm. 32. Br. F d c.

1150 Belle Médaille en étain au buste à g. en uniforme de **John Jervis
Earl of St. Vincent** admiral of the White, défaite des Espagnols
près de St. Vincent 14 february 1797. F. 7834. m.m. 48 superbe.

1151 **St Christophe. St. Kitts.** Monnaie de Nécessité de 3 Pence, sur
une monnaie en argent usé, contremarque avec S K. Ar. t.b.c.
Voir la reproduction.

1152 **Monnaie de Nécessité d'un Penny**, sur un double Sou de Cayenne
de 1789, poinçon avec S. K. Billon t.b.c.

1153 **Tobago sous les Français.** 1677. Prise de **Tobago** sur les Hollandais
Méd au buste de Louis XIV. TA BAGUM EXPUGNATUM van Loon
III. Br. F.d.c.

1154 Même sujet et la flotte hollandaise brulée, revers d'une médaille au
buste de Louis XIV. INCENSA BATAVORUM CLASSE et à l'ex.
Ad. Ins. Tobago m.m. 40 Et. t.b.c.

1155 La flotte hollandaise détruite devant Tabago. Jeton au buste de Louis
XIV par Laufer. Laiton b.c.

1156 **Obsidionale d'un Dog (2 Sols)** sur un double Sou de Cayenne de 1789
poinçons T B F. 7847. Bill t.b.c.
O

1157 **Tortola.** Monnaie de nécessité de 2 livres, sur une coupure de
Piastre ($^1/_4$) est poinçonné TORTOLA. Fort rare. Ar. gr. 6.8 t.b.c.

1158 Même pièce, légèrement varié. Ar. t.b.c.

1159 **Monnaie de nécessité de 4 Livres**, légèrement varié. Ar. gr. 10.8 t.b.c.
Voir la reproduction.

1160 **Monnaie de Nécessité de 5 Livres** avec TORTOLA barbare. Ar. gr. 12.5

1161 Même pièce de 4 Livres, même contremarque. Ar. g. 10. Rare t.b.c.
Voir la reproduction.

1162 Même pièce de 2 Livres, sur une coupure triangulaire, même contremarque.

1163 Obsidionale de $2^1/_5$ Dog, sur un Penny anglais usé T • T en contremarque. Ae. t.b.c.

L'Amérique Méridionale.

United Colony of Demerary & Essequibo.

1164 1782—83. 3 Guilders. Peso de 1794 pour le Mexique avec grand trou percé avec bord dentelé. Ar. t.b.c. Rare. Comparez Atkins n. 1 mais sans poinçon.

1165 3 Bits. Pièce ronde dentelée, contremarquée E & D 3 Bᴛs dans un grénétis Atkins n. 2. Pièce de nécessité du général Kersaent. F. 7854. Ar. t.b.c. *Voir la reproduction.*

1166 2 Bits. Monnaie de nécessité de 1803, sur une pièce ronde dentelée D dans un cercle de 16 rayons, au centre étoile et point. Fonr. 7855. Ar. t.b.c.

1167 1 Bit. Monnaie de nécessité pareille, D dans un entourage de 14 rayons. Fonr. 7856. Ar. t.b.c.

1168 1 Bit plus petite, aussi à 14 rayons. Ar. t.b.c.

1169 1809. Two Guilders au buste de George III. GEORGIUS III DEI GRATIA. Buste lauré à dr. Rev. grand 2 couronné COLONIES OF ESSEQUEBO & DEMERARY TOKEN. Atkins p. 327 n. 4. Ar. b.c.

1170 — Guilder, ¹|₂ et ¹|₄, (2 Ex.) même type. Atk. n. 5, 6 et 7. 4 ps. Ar. t.b.c.

1171 1816. 3 Guilders, au revers UNITED COLONIES OF DEMERARY & ESSEQUIBO. Atk. n. 8. Ar. Beau.

1172 — 2 Guilders, même type. Atk. n. 9. Ar. Beau.

1173 — Guilder, ¹|₂ et ¹|₄, même type. Atk. 10—12. 3 ps. Ar. Belles.

1174 1813. One Stiver et Half Stiver, même type. Atk. n. 31 et 32. Ae. 2 ps. t.b.c.

1175 William IV. 1832. 1 Guilder, ¹|₂, ¹|₄ et ¹|₃ au buste. Atk. 15, 18. 4 ps. Ar. t.b.c.

1176 — 1835. 1 Guilder, ¹|₂, ¹|₄ et ¹|₈, même type. Atk. 23—26. 4 ps. Ar. t.b.c.

1177 — ¹|₄ Guilder 1835, ¹|₈ 1833 et 35. 3 ps. Ar. t.b.c.

1178 1836. ½, ¹|₄ et ¹|₈ Guilder avec BRITISH GUIANA. Atk. 28, 29, 30. 3 ps. Ar. t.b.c.

1179 1838. One Stiver avec la Britannia assise. ONE STIVER PURE COPPER PREFERABLE TO PAPER. Atk. 33. Ae. t.b.c.

1180 Nouvelle Amsterdam. (1816.) Obsidionale de 5 Guilders. Coupure d'une Piastre Hispano-Américaino. 5 dans un cercle comme contre-marque. F. 7881, gr. 8.2. Ar. t.b.c.

1181 — Obsidionale de 3 Guilders, même type. Ar. t.b.c.

1182 Guyana Francaise. Cayenne. Louis XV. Sou de billon blanc (Tampé) uniface. C sous une couronne. F 7885. Zay n. 22 t.b.c.

1183 Sou de billon noir, Marqué. Zay n. 22. 3 var. t.b.c.

1184 Louis XVI 1782. 2 Sous de billon COLONIE DE CAYENNE 2 var. t.b.c.

1185 1789. Double Sou pareil. (3 var.) Billon t.b.c.

1186 Louis XVIII 1818. Billon Décime GUYANNE FRANCAISE fr. en essai Zay 35. F. 7902. F.d.c.

1187 Louis Philippe. Billon Décime 1846. Zay 53. F.d.c.

1188 Guyana Neerlandaise. Suriname. 1679. 4 Dutes (Demie Sou).

Perroquet sur une tige à trois feuilles à l'ex. AN. 1679. Rev. Arbre. var. de Verkade pl. 222 n. 2. Ae. t b.c.

1188a   **4 Dutes,** la tige à quatre feuilles. Sans revers. var. de Verk. pl. 222 n. 2. Ae. t.b.c.

1189   **2 Dutes** ('₄ Sou) tiges avec 2 feuilles, en haut ' Rev. Arbre. var. de Verk. pl. 222 n. 3. Ar. t.b.c.

1190   1764. **Dute** *Societeit van Suriname.* Verk. pl. 222 n. 5 2 var. Ae. t.b.c.

1191   **Venezuela Estados Unidos de Venezuela. Guayana Espagnole Angostura.** 1814. **Obsidionale** d'un ¹/₂ **Real** F VII ANO DE 1814. Lion. Rev. PROVINCIA DE GVAIANA. Château $\frac{1}{2}$ dans le ch. à g. F. 7014. Ae. t.b.c.

1192   1815. **Obsidionale pareille.** F. 7915 et 17. 2 var. Ae. t.b.c.

1193   **Confederation Americana de Venezuela 1811—12. Venezuela faisant partie de la Republique Colombia (1819).** Victoire de Simon Bolivar sur les Espagnols près de Boyaca. Méd. uniface, etoile à sept raïs au centre LIBER — TADOR — DE — BENE — ZUELA. Comp. F. 7927. Ar. gr. 15. Belle.

1194   1821. **Cuartino** 1.9 dans une étoile à huit rais et 16 rayons. Rev. 1821—VENEZᴀ — $\frac{1}{4}$; comp. F. 7928. 2 var. Ar. t.b.c.

1195   — **Cuartino** pareil, seulement 24 rayons. F. 7928. Ar. t.b.c.

1196   1822. **Cuartino** pareil, avec 38 rayons, comp. F. 7931. Ar. b.c.

1197   — **Cuartino** pareil avec 24 rayons. Ar. b.c.

1198   — **Cuartino** pareil avec huit rais et 16 rayons. 2 var. Ar. t.b.c.

1199   **Republica de Venezuela.** 1843. Centavo, signé W. WYON ¹/₂ Centavo et ¹/₄ Centavo signé W. W. à la tête de la Liberté à dr. F.'7935—37. 3 ps. Ae. t.b.c.

1200   1852. Centavo signé HAETON et Centavo sans signature, ¹/₂ Centavo avec et sans H et ¹/₄ Centavo signé H. F. 7938—42. 2 ps. Ae. t.b.c.

1201   1858. **Medio Peso** (5 Reales). Tête de la Liberté à g. sur le diadéme LIBERTAD incuse, dessus en demi cercle sept étoiles, dessous 1858. A. BARRE. F. 7944. Ar. gr. 11.5 F.d.c.

1202   Même pièce. Ar. b.c.

1203   ··· **2 Reales, Real** et **Medio Real** au même type F. 7945—47. 3 ps. F.d.c.

1204   — **Centavo** au buste de la Liberté à dr. signé Heaton. fr. en Essai en Nickel blanc F. 7948. Superbe.
Voir la reproduction.

1205   — **Centavo** pareil. Ae. Beau.

1206   Centavo pareil de 1862 et 63. 2 ps. Ae. Belles.

1207   1863. **Peso de 10 Reales** à la tête de José **Antonio Paez,** Président 8 Sept. 1861—17 Juin 1863. Tête à g. CIUDADANO ESCLARECIDO, sous la tête Barre. Rev. REPUBLICA DE VENEZUELA, au centre 10 REALES 1863 dans une couronne dessous E (Essai) fr. sur flan bruni. Var. de F. 7952. Ar. gr. 25. Superbe.
Voir la reproduction.

1208   — Même pièce avec ᴀ conforme à F. 7952. Ar. gr. 25. Belle.

1209   — **4 Reales,** même type, avec E fr. en Essai. Ar. **gr.** 10. Superbe.
Voir la reproduction.

1210   — **2 Reales,** même type, fr. en Essai. Ar.˜ gr. 5. Superbe.

1211   — **1 Real,** même type, fr. en Essai. Ar. gr. 2. Superbe.

1212   — ¹/₄ **Real,** même type, fr. en Essai. Ar. gr. 1. Superbe.
Les nos. 1207, 1209—12 sont de la plus haute rareté, il n'existent que dix
Exemplaires, Voir Revue Belge 1869. Zay 472.

1213   1873. **Medio Peso,** à la tête de Simon Bolivar à g. par Barre fr. en
Essai. F. 7955. Ar. gr. 12.5. Superbe.
Voir la reproduction.

1214   — Même pièce, sans le mot ESSAI. F. 7956. Ar. gr. 12.5. Superbe.

1215   — **Real,** même type. Essai. F. 7957. Ar. gr. 2,5. Superbe.

1216   — **Medio Real,** même type. Essai. F. 7958. Ar. gr. 1.25. Superbe.

1217   1874. **Medio Peso,** même type. F. 7960. Ar. F.d.c.

1218   — 2 **Reales** (¹/₄ Peso), même type. Deux épreuves, dont une avec le
mot ESSAI. 2 ps. Ar. Superbe.

1219   — 1 **Real** et ¹/₄ **Real,** même type. Epreuves. 2 ps. Ar. Superbes.

1220   **Caracas. Ferdinand VIII.** 1814. ¹/₄ **Real obsidional** avec CARACAS
ANO DE . 1814 . (avec contremarque arabe). Ae. t.b.c.

1221   1817. **Obsidionale de 2 Reales.** Les deux colonnes et sur trois traits.
2 — PLV — SVL — TRA — B . 1817 — S. dessous sur trois ondes
CARACAS. Ar. Belle.

1222   — 1 **Real obsidional,** même type. F. 7979. Ar. Beau.

1223   — ¹/₄ **Real** avec CARACAS ANO DE. F. 7980 et 83. 4 var. Ae. t.b.c.

1224   1818. 2 **Reales obsidional.** F. 7988 avec PLV — SVL — TR et CA-
RACAS. Ar. t.b.c.

1225   — Même pièce avec LV — SVL — TR et *CARACAS.* 3 var. Ar. t.b.c.

1226   — 1 **Real obsidional,** avec les armoiries écartelées 1 et 2 de Leon, 3
et 4 de Castille. 2 var. Ar. t.b.c.

1227   — ¹/₄ **Real obsidional.** F. 7995. Ae. t.b.c.

1228   1819. **Toston obsidional** (4 Reales), même type. F. 8002. Ar. t.b.c.

1229   — 2 **Reales obsidional,** croix écartelé de Castille et Léon. F. 8003.
Ar. t.b.c.

1230   — Même pièce, écartelé de Léon et Castille. 3 var. Ar. t.b.c.

1231   1820. **Toston obsidional.** F. 8008. Ar. t.b.c.

1232   — 2 **Reales obsidional,** écartelé de Castille-Leon 2 var. et une pièce
écartelé Leon-Castille. 3 var. Ar. t.b.c.

1233   — 1 **Real obsidional,** écartelé Castille-Leon, troué mais t.b.c.

1234   1821. 2 **Reales obsidional,** t.b.c , Real pareil b c. troué et ¹/₂ Real t.b.c.
3 ps. Arg. et 1 Cuivre.

1235   **Caracas sous la republique de Colombia.** (1821) Real I 9 (1819 ?)
dans un entourage de sept étoites à six rais, le tout dans un grénétis.
Rev. CARACAS ANO 2ᵈᵉ DE LA RPUBL. au centre UN—REAL.
Fonr. 8020. Extr. rare. Ar. gr. 2.4 t.b.c.

1236   — Même pièce variété avec I 9 et au revers REPCA. Ar. b.c. troué.

1237   — Même pièce, extr. rare. Belle.

1238   — **Medio Real,** même type. Rev. DE LA REP. F. 8021. Ar. b.c troué.

1239   1829. **Cuartino** dans une couronne de laurier C $\frac{1}{4}$ 8 Rev. corne d'abondance remplie de fleurs dessous 1829. F. 8023. Rare. Ar. t.b.c.

1240   1830. **Cuartino** pareil. F. 8025. Ar. t.b.c.

1241   **Aragnata.** 1867. Anastasio Bello ¹/₄ **Real** particulier, au Saint agenouillé.
Lait. b.c.

1242   **Caracas** ¹/₈ **Real** particulier de T. A. C. MöLLERYCᴬ. Lait. superbe.

1243 **Laguamita.** 1859. Real particulier de F. ESTEBAN CORONEL.
Ae. t.b.c.

1244 **Montalban** 1857. Cuartilla au coq de Andrez Peres. F. 8027. Lait. b.c.

1245 — 1864. ¹/₈ Real de Hermos Munoz, même type. Lait. b.c.

1246 Hacienda de **Montelimar** 2 et 1 Reales particulier de T . O . F.
8028 et 29. 2 ps. f.d.c.

1247 **Estados Unidos de Colombia. Santa Fé de Bogota. Capitale
du Capitanat Cundinamarca.** 1789 Toston de proclamation au
buste de Charles IV à dr. Rev. SANTA . FIDES . FIRMAT FIDEM.
Ecusson couronné à l'aigle dessous CAI CE DO. Ar. gr. 13.5. m.m. 34.
t.b.c. Rare.   *Voir la reproduction.*

1248 1808. Peso de **proclamation** au buste de **Ferdinand VII** par les
marchands de **Santa Fé de Bogota.** Fonz. 8046. Ar. gr. 29.5. Beau
Voir la reproduction.

1249 — Peseta de proclamation AUGUSTA PROCLAMACION DEL N.-R.
D . G . POR FERNANDO . VII . SEP II DE 1808. F. 8047. Ar. gr.
7.4. Beau.

1250 **Comme Capitale de l'Etat indépendant Neuva Grenada. 1811—
1849.** 1814. Real et Medio Real LIBERTAD AMERICANA. Tête
d'Indienne couronnée de plumes. Comp. F. 8048. 2 ps. Ar. b.c. le
Real troué.

1251 1815. Peseta var. de F. 8050 avec NEUVA. 2 var. Ar. b.c. et t.b.c.

1252 — Real F. 8051. Ar. b.c. troué.

1253 1816. Peseta et Real, même type, comme 1250. 2 ps. Ar. b.c.

1254 1819. Peseta vermeil et Real troué avec NUEVA GRANADA. 2 R .
I . F et I R . I F. 2 ps. Ar. b.c.

1255 — Real pareil avec NUEVA GRANADA . CUNDINAMARCA manque
à Fonr. Ae. b.c.

1256 1820. Peso LIBERTAD AMERICANA. Buste d'Indienne couronné de
plumes, dessous 1820. Rev. grenade entre 8 . R – NUEVA GRANADA .
I . F. manque à Fonr. Ar. t.b.c.

1257 **Capitala de la République de Colombie 1818—36.** 1820. Peso
type de n. 1256 avec REPUBLICA DE COLOMBIA. Rev. CUNDI-
NAMARCA . I . F . Grenade entre 8. R. F. 8056. **Ar. t.b.c.**

1258 1821. Peso pareil au rev. CUNDINAMARCA . Bᴬ (Bogota) I . F .
F. 8060 Ar. b.c

1259 — Peseta et Real, même type. F. 8060 et 66. Ar. 2 ps. belles.

1260 — Real pareil, t.b.c. et Medio pareil troué b.c. Ar. 2 ps.

1261 Cuartino. Bonnet de la Liberté entre Bᴬ — $\frac{1}{4}$ dessous 1821. Rev.
grenade. Ar. t.b.c.
Voir la reproduction.

1262 1824. Cuartino, même type, variété de gravure. Ar. b.c.

1263 1825. Peso d'oro. Buste drapé de la Liberté à g. REVPUBLICA DE
COLOMBIA 1825. Rev. Faisceau de flèches entre deux cornes d'abondance BOGOTA * 1 * P . I . F * Br. Beau.

1264 1827. Real REPUBLICA DE COLOMBIA. Faisceau de flèches entre
deux cornes d'abondance. Rev. Bᴬ. — IREAL — R . R Couronne de
feuilles et Libertad sur une bande. F. 8073. Ar. a.b.c.

1265 Real pareil Rev. B. — I REAL — R . S . Ar. b.c. troué.

1266 **Real** pareil fr. à Popayan. Rev. $^{P\ N}_{\text{IREAL}}$ $_{R\ .\ V}$ F. 8238 var. Ar. b.c.

1267 1828 et 1830. **Real** fr. à Popayan, comme n. 1266 2 ps. Ar. b.c.

1268 (1830). **Cuartilla** fr. à Birmingham Tête de Bolivar à g. Rev. La Justice debout. F. 8038. Ae. t.b.c.

1269 — **Cuartilla** pareil. Tête à dr. dessus COLUMBIA. F. 8039, 41 et 43. 5 ps. Ae. t.b.c.

1270 — **Cuartilla** pareil, tête à dr. dessous COLUMBIA. F. 8045. Ae. t.b.c.

1271 — **Cuartilla** pareil, tête de Bolivar à dr. dessus COLUMBIA dessous faisceau. Rev. La Justice assise. F. 8049. Ae. t.b.c.

1272 1833. **Real** fr. à Bogota et Real fr. à Popayan. Ar. 2 ps. b.c.

1273 1835. **Colombiano** (Peso de 8 Reales) fr. à **Bogota.** F. 8078. Ar. t.b.c.

1274 — **Escudo** fr. en argent à **Popayan,** type de F. 8231. Ar. t.b c.

1275 1836. **Colombiano** fr. à **Bogota,** comme F. 8078. **Ar.** t.b.c.

1276 — **Real** fr. à Bogota. F. 8082. Ar. b.c.

1277 **Comme République, Nueva-Granada.** 1837. Peso de 8 Reales fr. à **Bogota.** Superbe pièce, extr. rare. F. 8083. Ar. F.d.c.
Voir la reproduction.

1278 1838. **Real de Bogota.** F. 8087. Ar. b.c.

1279 1839. **Peso d'oro** au buste de la Liberté fr. à **Bogota.** Comp. F. 8086. Or. Beau.

1280 — **Real** fr. à **Bogota, Medio** fr. à **Popayan** (troué). F. 8090 et 8232. 2 ps Ar. b.c.

1281 — **Cuartino** fr. à **Bogota.** Ar. Beau.
Voir la reproduction.

1282 1843. **Dos Reales** fr. à **Popayan** (2 var.) et ¼ **Real** fr. à **Bogota.** 3 ps. Ar. t.b.c.

1283 1845. **Dos Reales** et **Real** fr. à **Bogota.** 2 ps. Ar. b.c.

1284 1846. **Medio** fr. à **Popayan.** F. 8240. Ar. b c.

1285 1847. **Granadino** (Ocho Reales) fr. à **Bogota.** F. 8109. Ar. t.b.c.

1286 — **Peseta, Real** et **Medio** fr. à **Bogota.** 3 ps. Ar. t.b.c.

1287 — **Décimo.** F. 8111. Ae. t.b.c.
Voir la reproduction.

1288 — ½ **Décimo,** même type. F. 8113. Ae. b.c. et t b.c.

1289 1848. **Peso de Diez Reales.** F. 8124. Ar. t.b.c.

1290 — ¼ **Décimo,** type de n. 1287 Ae. F.d.c.

1291 — et 49 **Dos Reales** fr. à **Bogota.** F. 8127 et 37. 2 ps. Ar. t.b.c.

1292 1849. **Medio Onza** fr. en Essai, tête de la Liberté à g. Rev. Armoiries et valeur. Ar. gr. 9.1 F.d.c.
Voir la reproduction.

1293 1850. **Peso** et **Peseta** fr. à **Bogota.** F. 8135 et 39. 2 ps. Ar. t b.c.

1294 — **Cuartino.** Grenade dessous 1850. Rev. BOGOTA * $\frac{1}{4}$ * F. 8140. Ar. t.b.c.
Voir la reproduction.

1295 1851. **Peseta** et **Medio** fr. à **Bogota.** 2 ps. Ar. t.b.c.

1296 1852, 55 et 56. **Real** fr. à **Bogota** et **Medio** de 1857 (2 ps.) 5 ps. Ar. t.b.c.

1297 1856. **Peso** fr. à **Bogota,** sur la tranche *Dios . Lei . Libertad.* F. 8151. Ar. t.b.c.

1298   **Confederation Granadina.** 1859. Peso fr. à **Bogota** avec CONFE-DERACION GRANADINA. F. 8161. Ar. Beau.

1299   **Etats Unis de Colombia.** 1864. Peso. Fonr. 8168. Ar. t.b.c.

1300   **Decimo de 1866, Medio Decimo de 1864 et 67.** 3 ps. Ar. t.b.c.

1301   1867. Peso. F. 8171. Ar. t.b.c.

1302   1868. **Medio Decimo** à la tête de la Liberté à g. fr. à **Bogota.** Rare. F. 8173. Ar. Beau.

1303   1869. **Cinco Decimos** (½ Peso) et **Decimo** fr. à **Bogota,** même type. 2 ps. Ar. t.b c.

1304   — **Cuartino** fr. à **Popayan,** type de n. 1294. Ar. t.b.c.
Voir la reproduction.

1305   1870. **Cinco Decimos** fr. à **Bogota** et **Medio** fr. à **Popayan.** 2 ps. Ar. t.b.c.

1306   1871. **Dos Pesos,** même type, fr. à **Medellin.** Or. Beau.

1307   — **Peso** (2 Ex.) et **Cinco Centavos** (Medio) fr. à **Bogota.** 3 ps. Ar. t.b.c.

1308   1873. **Peso,** au même type fr. en essai par Barre sous la tête de la Liberté *A . B* et *ESSAI* fr. à **Medellin** tranche unie. F. 8208. Ar. Superbe.   *Voir la reproduction.*

1309   — **Cinco Decimos** fr. à **Medellin.** Ar. t.b.c.

1310   1873. **Dos Decimos.** Essai fr. à **Medellin,** comme n. 1308. F. 8209. Ar. Superbe.

1311   — **Decimo** Essai fr. à **Medellin** comme n. 1308. F. 8210. Ar. Superbe.

1312   — **Medio Decimo** Essai fr. à **Medellin** comme n. 1308. F. 8211. Ar. Superbe.

1313   1874. **Dos Decimos** fr. à **Medellin.** Ar. a.b.c.

1314   1875. **Cencuenta Centavos** (½ Peso) fr. à **Bogota** et **Medio Decimo** fr. à **Popayan** 2 ps. Ar. Belles.

1315   1876. **Cinco Decimos** (½ Peso) fr. à **Medellin.** Ar. t.b.c.

1316   1879. ¹/₂ Peso fr. à **Medellin** et 1875 ¹/₂ Peso fr. à **Bogota** 3 ps. Ar. t.b.c.

1317   1881. **Dos i Medio Centavos.** Epreuve en argent superbe.
Voir la reproduction.

1318   — Même pièce, essai en bronze. Superbe.

1319   — **Dos i Medio Centavos.** Epreuve en Nickel.
Voir la reproduction.

1320   — Même pièce en Nickel, tout autre gravure.
Voir la reproduction.

1321   1884. 20 Cent fr. à **Bogota,** tête du r. 1308. Rev. 20 Cent entouré de deux. cornes d'abondance. Ar. t.b c.

Cartagena de las Indas.

1322   1741. Prise de Carthagena par l'amiral **Vernon.** *Admiral . Vernon . the . preserver . of . his . Country.* Vernon debout à g. Rev. TOOK CARTHAGENA à l'ex. 1741. Vue des forteresses *Bocachica, S. Philips, S. Jago* et *S. Josi.* F. 8184. Betts 332. Ae. b.c.

1323   Même sujet. *Admiral : Vernon : Veiwing : the town : of : Carthagena* * à l'ex : 1740 : 1 *The forts of Carthagena destroy'd by* ad_m. *Vernon 1741.* F. 8185. Betts 344. Ae. Beau.

1324 Même pièce. Ae. t.b.c.

1325 Même sujet. *The pride of spain humbled by Ad. Vernon.* Don Blas à genoux devant Vernon debout. Rev. *Vernon : Conquerd : Cartagena* à l'ex. April I 1741. F. 8186. Betts n. 325. Ae. t.b.c.

1326 Même sujet. **Vernon et Sir Chaloner Ogle** debouts. Rev. *True British Heroes took Carthagena.* F. 8187. Betts 319. Ae. Beau. Rare.

1327 Même sujet. **Vernon, Ogle** et **Wentworth** debouts. Rev. de n. 1325. F. 8190. Betts 310. Ae. Beau.

1328 Même sujet. Don Blass à deux genoux présente son épée à Vernon debout. *The Spanish pride pulld down by Admiral Vernon.* Rev. de n. 1326. Betts n. 328. Ae. t.b.c.

1329 Même sujet, légèrement varié. Betts 329. Ae. t.b.c.

1330 Même sujet. Vernon debout à g. *Adml Vernon . Viewing . the . Town . of . Carthagena.* Rev. *He Destroyd the forts of Carthagena.* Betts 335. m.m. 35. Ae. b.c.

1331 Même sujet. Vernon debout à g. entre un canon et une ancre. *Ad. Vernon. Adml Ogle took Carthagena by Sea and Land* à l'ex. *Apl 1 : 174 : 1.* Betts 331. Ae. Beau.

1332 Même pièce. Ae. t.b.c.

1333 Prise de **Carthagena** et projet de siège de Havana. Vernon debout à g. devant lui forteresse avec HAVANAH. *Ed. Vernon Esq. Vice admiral of the blue.* Rev. *Vernon Conquerd : Cartagena* à l'ex. April 1 1741. Betts 315. Ae. Beau.

1334 **Carthagene se déclarant indépendante.** 1812. **Demi real obsidional.** $\frac{1}{2}$ — ESTADO — DE CARTA — GENA — 1812. F. 8193. Ae. t.b.c.

1335 1812. **Demi real obsidional.** F. 8194. Ae. t.b.c.
Voir la reproduction.

1336 — Même pièce, la date non visible Ae. b.c.

1336a 1813. Même pièce et même type, manque à Fonr. Ae. b.c.

1337 1814. **Dos reales obsidional,** même type. VALE — DOS REA — LES. F. 8198. Fort rare. Ae. b.c.

1338 186 ? **Cuartilla obsidional.** Ae. b.c.

1339 1855 **Medio Real** particulier. UNA MITAD 1855. Rev. AM — DE . LA — CUARDRA. Br. t.b.c.

1339a s.d. **Medio Real** particulier. MITAD — Rev. B . C . Br. t.b.c.

1339b s.d **Medio Real** pareil. Rev. M . R . au dessus d'un mortier avec pilon. Br. t.b.c.

1339c s.d. **Medio Real** pareil. Rev. F . C . GERLEIN. Br. t.b.c.

1339d 1856. **Medio Real** pareil. Rev. A . M. MERLAND. Br. t.b.c.

1340 **Santa Marta.** 1820. **Obsidionale d'un** ¹|₄ **Real.** F. 8255. Ae 2 var. b.c.

1340a Même obsidionale, variété de Mailliet Suppl. pl. 65 n. 1. Ae. t.b.c.

1341 Monnaies particulières de **3, 2** et **1 Centavos** de *Francisco Sanchez e Hyos.* Lait. F.d.c.

1342 **Centavo** du même. Rev. *Limpia Cafetal Dolores.* Lait. F d.c.

1343 **Porto Bello.** 1739. Prise de Porto-Bello par l'amiral Vernon et projet de siége de **Havana** droit du n. 1333. Rev. *He . took . Porto . Bello . With . six . ships . only . Nov . 22 . 1739.* F. 8277. Betts 314. Ae. t.b.c.

1344 — Prise de **Porto-Bello.** Vernon debout à g. devant canon, derrière navire. Rev. *He took* etc. F. 8279. Betts 221. Ae. t.b.c.

1345   — Même pièce. Betts 222. Ae. Belle.

1346   Même sujet. Vernon deb. à g. devant canon, derrière ancre. Rev. *He took*. F. 8280. Betts 226. t.b c.

1347   Même sujet. Vernon deb. à dr. derrière navire à dr. canon, à l'ex. ornement. F. 8282. Betts 240. Ae. Beau.

1348   Même sujet. Vernon deb. à g. sur un platform, légende sur un ruban. Rev. WHO TOOK etc frappé avec coin brisé, manque à Betts. Ae. argenté. t b.c.   *Voir la reproduction.*

1349   Même sujet. Vernon debout à dr. sur un ornement avec coquille, devant canon, derrière navire, à l'ex. du revers ornement. F. 8283. Betts 233. Ae. t.b.c.

1350   Même sujet. Vernon deb. à dr. sur un platform, comme n. 1331 mais plus petit. m.m. 31. Betts 240. Ae. Beau et Fort rare.

1351   **Porto Bello et Fort Chagre.**   Admiral Vernon debout à g. dans une prairie devant lui le fort Chagre, derrière navire en pleine mer. *Adm¹ Vernon took Porto Bello with six Ships only — Nov. 22. 1739.* Rev. *He took* etc. F. 8278. Betts 285a. m.m. 37. Ae. Beau.

1352   Même sujet Vernon debout à dr. tenant le bâton au dessus du FORT CHAGRE à g., dans le champ pointillé un navire. F. 8284. Betts 287. Ae. b.c.

1353   **Porto Bello.**   Buste de Vernon jusqu'aux genoux à trois quarts à g. Rev. *He took* etc. Rev. à l'ex. *By Courage and Conduct* à l'entour 1739 après *only*. Betts 200. Ae. t.b c.

1354   Même sujet, même type. Rev. ONLY et à l'ex. Nov. 22 1739. Four. 8287. Betts 198. Ae. Beau.

1355   Même sujet. Buste de Vernon de profil à g. jusqu'aux genoux, droit Betts 196, rev. Betts 193. Rare. Ae. b.c.

1356   Même sujet. Don Blass à genoux devant Vernon debout sur un platform, tourné à dr. Fonr. 8289. Betts 306. Beau et b.c. (2 ps.)

1357   Même sujet, petit module. Betts 302. m.m. 27. Beau. Rare.

1358   Même pièce. Ae. b.c. troué. Rare.

1359   Même sujet. **Vernon, Ogle et Wentworth** debouts à l'ex. *Brave Vernon, Ogle et Wentworth.* Betts 309. Ae. Beau.

1360   Médaille satirique. Sir Robert Walpole mené par le Diable vers un monstre marin. *Make room for . Sir: Robert* à l'ex *No : Excise.* Rev. Le Duke of Argyle debout. *No-Pentionner.* Betts 247. Ae. Belle.

1361   Même pièce. Ae. b.c.

Republica del Ecuador (l'Equateur).

1362   1834. **Peseta** (2 Reales). Soleil au dessus de deux montagnes sur chaque pointe un oiseau. Rev. Faisceau de flèches entre deux cornes d'abondance. EL ECUADOR EN COLOMBIA. QVITO. F. 8300. Ar. b.c.

1363   — **Real,** même type, fr. à **Quito.** F. 8297. Ar. Beau.

1364   1835. **Escudo.** Buste drapé de la Liberté à g. EL ECUADOR EN COLOMBIA, dessous 1 . QVITO . E. F. 8296. Or. t.b.c.

1365   — **Peseta,** fr. à **Quito.** F. 8300, fut troué. **Ar.** b.c.

1366   1836 et 37. **Peseta.** Ar. b.c. et 1839. **Peseta.** Ar. t.b.c. (3 ps.)

1367   1836. **Real,** même type, a.b.c. 1838. **Medio** avec M—R. t.b.c. et b.c. Ar. 3 ps.

1368   1840. **Real.** fr. à Quito avec 1840 M . V. F. 8305. Ar. b.c.

1369   1842. **Onza.** F. 8307 fr. en plomb doré. t.b.c.

1370   — **Toston,** type des Peseta's. F. 8308. Ar. t.b.c.

1371   1843. **Toston,** même type . F. 8309. Ar. b.c.

1372   1844. **Toston,** au buste de Bolivar entre 8—Ds. Rev. Ecusson à cinq
        quartiers. REPUBLICA DEL ECUADOR — ✸ QVITO. M. V. F. 8311.
        Ar. t.b.c.

1373   1845. **Toston,** buste plus gros de Bolivar. F. 8312. Ar. b.c.

1374   1846. **Peso** au buste de la Liberté à g. F. 8313 fr. sur flan bruni. Ar.
        Superbe.   *Voir la reproduction.*

1375   — Même pièce. Ar. t.b.c.

1376   1847. **Peseta,** même type. F. 8314. 2 variétés. Ar. t.b.c. et b.c.

1377   **Peseta** de 1848. F. 1835 troué et 1849. F. 8317. 2 ps. Ar. t.b.c.

1378   1849. **Cuarto** au buste. F. 8322 (de 1852. Ar. Belle pièce.
                Voir la reproduction.

1379   1851. **Peseta.** F. 8320 b.c. et 1852. **Peseta.** F. 8321. Beau. 2 ps. Ar.

1380   1852. *Cuarto.* F. 8322. Ar. t.b.c.

1381   1857. **Toston.** F. 8324. Ar. b.c.

1382   1858. **Peso de 5 Francos.** Buste de la Liberté à g. signé E. E. fr. sur
        le pieds des 5 Francs. F. 8325. Rare. Ar. t.b.c.

1383   1862. **4 Reales** (Toston) à la tête de la Liberté à g. coin de Barre.
        Ar. b.c.

1384   1866. **Jeton** en honneur de **Luis Ampuero** par la République de Bolivia.
        F. 8327. Ar. gr. 4.3. Beau.

1385   1872. **Un et Dos Centavos,** par Heaton à Birmingham. F. 8328 et 29.
        2 ps. Ae. F.d.c.

1386   1884. **Sucre** à la tête de Bolivar à g. par Heaton à Birmingham, fr.
        sur le pied des 5 Francs. Rare. Ar. t.b.c.

1387   **Quito.** Médaille uniface. A. LOS — LIBERTA — DORES DE QVITO.
        Fonr. 8331. Ar. gr. 22. Belle.
                Voir la reproduction.

1388   **Reàl particulier.** Yngenio Ecuador. 1864. Rev. *M. Y. I. F. de la Vega.*
        Vale por *un real.* Ae. t b.c.

Le Brésil.

1389   **Le Brésil sous les Hollandais. 1624–54.**. 1630. Prise de Per-
        nambuco par le général Waardenburgh et l'amiral Lonck le 2 Mars
        de 1630. Médaille au buste du prince Frédéric Henri couronné par
        Mars et la Victoire. Médaille coulée originale. van Loon II éd. holl.
        193 n. 1, éd. fr. 190 n. 1. Cavalcanti Catalogo das Medalhas Brazi-
        leiras n. 7. Ar. gr. 34.5. t.b.c.

1390   1631. Mort de l'amiral **Pater** dans le combat contre l'amiral **Oquendo**
        sur les côtes du Brésil. Médaille au buste de Philippe IV à g. Rev.
        La lutte de Simson avec le lion. van Loon éd. holl. 196 n. 1, éd. fr.
        132 n. 1. Cavalcanti n. 8. Etain. t.b.c. Rare.

1391   1632. Je'on, même sujet et même type, au revers la main de l'atelier
        d'Anvers dans la légende. van Loon éd. holl. 196 n. 2. Cavalcanti n. 9.
        Ar. Beau et rare.

1392　Même jeton en cuivre. Ae. t.b.c.

1393　Médaillon en ivoire au buste presque de face de **Joan Maurice de Nassau**, gouverneur du **Brésil**, Diam. du médaillon 70 m.m. Bon travail postérieur.

Monnaies frappées aux Pays-Bas, qui ont eu cours au Brésil pendant l'occupation hollandaise.

1394　1624. **Rixdaeler** de la province de la **Gueldre**, au buste lauré du prince d'Orange. de Voogt 207. Rare. Ar. t.b.c.

1395　— **Rixdaeler**, au même type, fr. à **Hoorn**. Verkade pl. 64 n. 3. Ar. b.c.

1396　1629. **Rixdaeler**, au même type de la province de l'**Overijssel**. Variété Verkade pl. 138 n. 1 Ar. b.c.

1397　1631. **Ducat** de l'**Overijssel**. Variété de Verkade pl. 134.2. Or. t.b.c.

1398　1633. **Ducat** de la **Gueldre**, date inconnue à de Voogt. Rare. Or. t.b.c.

1399　— **Rixdaeler** de **Campen** au château. Var. de Verkade pl. 160 n. 1 Rare. Ar. troué. b.c.

1400　1635. **Ducat** de la **Gueldre**. de Voogt 225. Rare. Or. t.b.c.

1401　— **Ducat** de la **Westfrise** fr. à **Hoorn**. Verkade pl. 59 n. 4. Or. t.b.c.

1402　— **Ecu au lion** (Leeuwendaelder) de la **Gueldre**. Manque à de Voogt. Fort rare. Ar. b.c.

1403　1637. **Ducat** pour la **Gueldre**. Variété de de Voogt n. 231. Or t.b.c.

1404　1639. **Ecu au lion** (Leeuwendaelder) de **Westfrise**. Verkade pl. 66.4. Var. Ar. t.b.c.

1405　1640. **Ducat** de la **Gueldre**. Var. de de Voogt 235. Or. t.b.c.

1406　— **Essai de l'Ecu au lion** fr. à **Deventer** sur flan carré et en piedfort. Verkade pl. 150 n. 1. gr. 69.7. Superbe et fort rare.
Voir la réproduction.

1407　1641. **Ecu au lion** de la **Westfrise**. Verkade pl. 66.4. Var. Ar. t.b.c.

1408　— **Demi Ecu au lion** de la **Westfrise**. Var. de Verkade pl. 66.5. Extr. rare. Ar. a.b.c.

1409　1643. **Ecu au lion** de la **Westfrise**. Verk. pl. 66.4. Ar. t.b.c.

1410　1645. **Demi Cavalier d'or**, fr. à **Dordrecht**. Verk. pl. 40 n. 3. Or. Rare. t.b.c.

1411　1646. **Ducat**, fr. à **Zwolle**. Variété de Verkade pl. 168 n. 4. Or. t.b.c.

1412　1647. **Ducat**, fr. à **Utrecht**. Verkade pl. 98 n. 3. Var. Or. b.c.

1413　— **Demi Rixdaeler** au buste lauré fr. à **Middelbourg**. Verk. pl. 85 n. 2. Rare. Ar. b.c.

1414　1648. **Ecu au lion** (Leeuwendaelder), fr. à **Campen**. Verkade pl. 163 n. 3. Rare. Ar. b.c.

1415　1649. **Ecu (Rixdaeler)** au buste lauré fr. à **Harderwijk** (pour la Gueldre). de Voogt n. 259b Ar. t b.c.

1416　— **Rixdaeler** au buste lauré fr. à **Middelbourg**. Verkade pl. 85 n. 1. Ar. t.b c.

1417 — **Rixdaler au château.** Verk. pl. 160 n. 1. Var. Rare. Ar. t.b.c.

1418 1650. **Ecu au lion de Westfrise.** Verkade pl. 66 n. 4. Rare. Ar. t.b.c.

1419 1653. **Ducat de la Gueldre.** de Voogt 268в. Or. t.b.c.

1420 — **Rixdaeler au buste lauré,** droit Verkade pl. 104 n. 2, revers Verk.
pl. 104 n. 1. Rare. Ar. t.b.c.

1421 1645. **Obsidionale de XII Florins** fr. au Recif (Pernambuco) pendant
le siége par les Portugais. Monogramme par G. W. C. (geoctroyeerde
West Indische Compagnie) surmonté de XII Rev. ANNO—BRASIL' —
1645 van Loon II éd. holl. 293 n. 1, éd. fr. 283 n. 1 (de 1646) Mailliet
pl. XVIII n. 1. Meili pl. I n. 1 (de 1646) Or. gr. 7. Belle et extr. rare.
Voir la reproduction.

1422 — **Obsidionale de III Florins,** même type, au dessus du monogr. III.
Rev. ANNO—BRASIL° — 1616 van Loon 293 n. 3 = 283 n. 3 (de
1646) Mailliet pl. XVII n. 3. Meili pl. I n. 4. Or. Belle et extr. rare.
Voir la reproduction.

Brésil, Colonie Portugaise.

1423 **Pedro II** 1683—1706. S.d. **Vintem,** var. de Meili pl. III n. 14 l'écusson
accosté de : : PETRVS . II DG . P . REX . B. Ar. t.b.c.

1424 **Vintem** pareil, seulement .. PETRVS . II . D . G . P . REX. Ar. t.b.c.

1425 1695. **Double Pataca** (610 Reis) fr. à **Bahia.** Meili pl. II n. 4. Ar. t.b.c.

1426 — **Pataca** (320 Reis) fr. à **Bahia.** Meili pl. II.5. Ar. t.b.c.

1427 — **160 Reis** fr. à **Bahia.** Meili pl. II.6. Ar. b.c.

1428 1696. **Double Pataca** (640 Reis) fr. à **Bahia.** Meili pl. II.4. Ar. t.b.c.

1429 — **Pataca** (320 Reis) fr. à **Bahia.** Meili pl. III.10 Ar. t.b.c.

1430 1697. **Vintem** fr. à **Porto** pour Angola ayant cours au Brésil. Comp.
Meili pl. VI.29. Ae. t.b.c.

1431 1699. **Vintem** pareil. Meili pl. VI.30, sans contremarque. Ae. t.b.c.

1432 — **Dez Reis** pareil. Meili pl. VI.31. Ae. b.c.

1433 1700. **Double Pataca** (640 Reis) fr. à **Pernambuco.** P. sur le Sphère.
Meili pl. V n. 23. Ar. t b.c.

1434 1701. **Pataca** (320 Reis) fr. à **Pernambuco.** PETRVS . II . D . G .
PORT . REX . ET en (monogr.) B . D. Sur le Sphère P. Variété de
Meili n. 26, la date non changée. Ar. t.b.c.

1435 — **Quatre Vintems** (80 Reis) fr. à **Pernambuco.** Meili pl. V.28. Ar. b.c.

1436 **Joao V** 1706—50. **Vintem** (20 Reis). Fonr. 8354—57. 4 var. Ar. t.b.c.

1437 1730. **Vintem** pareil, la croix cantonnée de quatre. P . 2 var. dont
une trouée.

1438 1719. **Vintem, XX Reis** fr. à **Lissabon** comp. pl. XII 40. Ae. t.b.c.

1439 1722. **XL Reis** fr. à **Lissabon** pour **Minas.** Meili pl. XII 46. avec
hachure. Ae. t.b.c.

1440 1730. **Vintem,** contremarque sur la valeur. Ae. b.c.

1441 1734. ¹/₄ **Escudo** fr. à **Minas.** Meili pl. XI. n. 39 Or. t.b.c.

1442 1785. **X Reis** fr. à **Lissabon.** Meili n 147. Ae. t.b.c.

1443 1747. **Quatre Escudos au buste** fr. à **Bahia.** Meili pl. X. 28. Or. gr.
14.5. Beau. *Voir la reproduction.*

1444   1749. **320 Reis** fr. à **Lissabon** pour **Maranhao.** Meili pl. XIII n. 55. Ar. t.b.c.

1445   **José I** 1753 **XL Reis** contremarqué. Meili 185. Ae. b.c.

1446   1754. **Meio Pataca (150 Reis).** Meili pl. XXIII n. 71. Ar. b.c.

1447   1755. **Tostao de 75 Reis des mines.** fr. à **Rio.** Meili pl. XXIII n. 72. Ar. Beau.

1448   1757. **300 Reis des mines, fr. à Rio.** Meili pl. XXIII n. 69. Ar. t.b.c.

1449   — **XL Reis** fr. à **Lissabon.** Meili pl XIX n. 37 n. 41. Ae. t.b.c.

1450   1758. **600 Reis des mines** fr. à **Bahia.** Meili n. 250 pl. XXII n. 58. Ar. t.b.c.

1451   — **Pataca (160 Reis)** fr. à **Bahia** Meili pl. XVIII n. 19. **Ar.** b.c.

1452   1762. **XL Reis** contremarqué fr. à **Lissabon.** Ae. t.b.c.

1453   1765. **600 Reis des mines** fr. à **Rio** type de Meili pl. XXIII. 67 date inconnue de cet atelier. Ar. t.b.c.

1454   **V Reis** de 1765 fr. à **Rio,** 1767 fr. à **Bahia** et 1768 fr. à **Lissabon.** 3 ps. Ae. t.b.c.

1455   1768. **160** et **80 Reis** fr. à **Lissabon.** Meili pl. XXI n. 51 et 52. 2 ps. Ar. t.b.c.

1456   **80 Reis** de 1770, 71 et 80 (troué) fr. à **Lissabon.** 3 ps. Ar. t.b c.

1457   1771. **600 Reis des mines** fr. à **Rio.** Meili pl. XXIV.74. Ar. t.b c. troué.

1458   — **300 Reis des mines,** contremarqué de l'écusson de Portugal. Meili pl. XXIV 77. **Ar.** a b c.

1459   1773. **320 Reis** fr. à **Lissabon.** Meili pl. XXI n. 50. Ar. t.b.c.

1460   **X Reis** de 1773, 74 et 75 fr. à **Lissabon.** 3 ps. Ae. t.b.c.

1461   1774. **XL Reis** fr. à **Lissabon.** Meili pl. XXI n. 53. 2 var. Ae. t.b.c. et b.c.

1462   — **XX Reis** pareil, 2 pièces dont une avec contremarque. Ae. t.b c.

1463   **Maria I et Pedro III.** 1777—86. 1778. **XL** et **XX Reis** fr. à **Lissabon.** Meili pl. XXVII.16 et 17. 2 ps. Ae. t.b.c.

1464   1779. **Dobra** fr. à **Bahia** aux bustes superposés. Meili pl. XXV.2. Or. Beau.

1465   — **640 Reis** fr. à **Lissabon.** Meili pl. XXVI 12 et 160 Reis. pl. XXIV.14. 2 ps Ar. t.b.c. mais troués.

1466   1780. **320 Reis** fr. à **Lissabon.** pl. XXVI.13. 2 var. **Ar.** t b.c.

1467   **XX** et **V Reis** de 1782 fr. à **Lissabon.** 2 ps. Ae. t.b.c.

1468   **X Reis** de 1776, 84 et 85. 4 pièces dont 3 contremarquées. Ae. t.b.c.

1469   **320 Reis** de 1783, 84 et 85 fr. à **Lissabon.** 3 ps. Ar. t.b.c.

1470   1784. **160 Reis** fr. à **Lissabon.** Ar. t.b.c.

1471   1786. **XX Reis** contremarqué de **20** ou à l'écusson. 2 ps. Ae. b.c.

1472   1787. **320 Reis** fr. à **Lissabon.** Meili pl. XXVI.13. 2 ps. Ar. t.b.c.

1473   — **XX** et **V Reis** contremarqués. Ae. t.b.c.

1474   1788. **80 Reis** fr. à **Lissabon.** Meili pl. XXV.15. Ar. t.b.c.

1475   1790. **160** et **80 Reis** fr. à **Lissabon.** 2 ps. Ar. t.b.c.

1476   — **XL Reis,** contremarqué de l'écu de Portugal. Ae. t.b c.

1477   1796. **80 Reis** fr. à **Lissabon.** pl. XXIX 12. Ar. t.b c troué.

1478   1799 **XL** et **X Reis** fr. à **Lissabon.** pl. XXX.17 et 21. 2 ps. Ae. t.b.c

1479   1800. **640 Reis** fr. à **Bahia.** Meili n. 136. **Ar.** t.b.c.

1480   1802 **640 Reis** fr. à **Rio.** Meili pl. XXXI n. 3. Ar. t.b.c.

1481 — 320 Reis fr. à Rio. Meili pl. XXXI n. 24. Ar. t.b.c.

1482 — 320 Reis fr. à Bahia. Ar. t.b.c.

1483 1804. 640 Reis fr. à Bahia. Meili pl. XXXI n. 37. Ar. Beau.

1484 **Joao VI comme prince régent.** 1719—1818. 1802. XL Reis fr. à Lissabon. Meili n. 92 pl. XXXII n. 2 mais plus grand. mm. 35. Ae. t b c.

1485 — XX Reis fr. à Lissabon. pl. XXXII n. 3. Ae. t.b c.

1486 (1802) **Petite medaille au buste lauré de Joao VI.** JOHANNES VI .
PRINCEPS BRAZILIARUM. Rev. NATUS 13 MAJI 1767. Br. doré.
Superbe. Extr. rare.
Voir la reproduction.

1487 1808. 640 Reis fr. à Bahia. Meili n. 193. Ar. t.b.c.

1488 1809. 320 Reis fr. à Rio. Meili pl. XXXIV 13. Ar. Beau.

1489 1810 960 Reis fr. à Bahia. Meili pl. X 41 n. 48. Ar. Beau.

1490 — 960 Reis fr. à Rio. Ar. b.c.

1491 1812. 320 Reis fr. à Rio. Meili pl. XXIV. 13, frappé sur une pièce de
José I au grand J. Ar. t.b.c.

1492 — XL Reis fr. à Rio, contremarqué de 20, Meili pl. XXXVI. 25.
Ae. t b.c.

1493 1813 960 Reis fr. à Bahia pl. XLI n. 48. Ar. t b.c.

1494 — **Trois Patacas (960 Reis)** quoique s'est une surfrappe sur une
Piastre espagnole, la pièce est bien venue, seulement la lettre d'atelier
n'est pas bien lisible, on croirait voir un C. Ar. t.b.c.

1495 — XX Reis fr. à Rio. Meili pl. XXXVI 24 2 ps. var. Ae. t.b.c.

1496 1814. 960 Reis fr. à Bahia, pl. XLI n. 48. Ar. t.b.c.

1497 — XL Reis fr. à Bahia. Meili pl. XLIII 53 et 56. 2 var. Ae. t.b.c.

1498 1815. XL Reis fr. à Rio. Meili pl. XXXVII n. 29. Ae. t.b.c.

1499 1816. XL et XX Reis fr. à Bahia. M. pl. XLIII 55—57. 4 pièces variées
et t.b.c.

1500 X Reis de 1815 et 1816 fr. à Bahia pl. XLIII 39. 2 ps. Ae. t.b.c.

1501 1818. 960 Reis fr. à Rio. Meili pl. XXXIV 11. Ar. Beau.

1502 1808—1810. **Monnaie de Nécessité contremarquée à Minas.** Peso-Hispano
américano de 1805 fr. à Potosi sur le droit armoiries de Portugal
dessous 960 et au revers le sphère. Meili pl. XLVIII n. 71.

1503 **Monnaie de nécessité pareille.** sur un Peso de 1808 fr. à Potosi, les
mêmes contremarques. Meili pl. XLVIII n. 72.

1504 **Joao VI Comme Roi 1818—1822.** 1818. 160 Reis fr. à Rio. Meili
pl. LI n. 6. Ar. Beau.

1505 80 Reis fr. à Rio. Meili pl. LI n. 7. Ar. t.b.c.

1506 XXX Reis fr. à Rio. Meili pl. LII n. 13 et 14 3 ps. Ae. Belles.

1507 1819. 960 Reis fr. à Rio. pl. LI n. 3. 3 pièces variées. Ar. t b.c.

1508 — 640 Reis fr. à Rio pl. LI 4. Ar. t.b.c.

1509 — XX Reis fr. à Rio pl. LII. 13.3 var. et X Reis 4 ps. Ae. t.b.c.

1510 1820. 960 Reis fr. à Rio pl. LI 3. Ar. Beau.

1511 — 640 Reis fr. à Rio pl. LI 4. Ar. Beau.

1512 — 320 Reis fr. à Rio pl. LI n. 5.2 var. Ar. Belles.

1513 — XL et XX et Reis fr. à Rio. Ae. 5 ps. belles.

Monnaies locales pour les mines de Minas.

1514　1818. 37¹/₄ Reis ou Vintem d'or. $+ 37\frac{1}{2} +$ sous une couronne dessous . 1818 et . M. Meili pl. LVII.39. Ae. t.b.c.

1515　— 75 Reis ou double Vintem d'or. ✿ 75 ✿ sous une couronne, dessous + 1818 + et M. Meili pl. LVII 38. Ae. Beau.

1516　1819. 75 Reis ou double Vintem d'or ∴ 75 ∴ sous une couronne, dessous + 1819 + et . M. Comparez Meili pl. LVII.38. Rare. Ae. t.b.c.

1517　1821. 75 Reis pareil, comparez Meili LVII.38. 2 var. Rares. Ae. t.b.c.

1518　— 37¹/₂ Reis comme n. 1514. Meili pl. LVII.40. 2 var. Ae. t.b.c.

1519　1820. LXXX Reis fr. à **Bahia.** pl. LV n 20. 2 var. Ae. t.b.c.

1520　— XX Reis fr. à **Bahia.** pl. LV n. 31. Ae. argenté. t.b.c.

1521　1821. 960 R.is fr. à **Bahia.** pl. LIV n. 21. 2 var. Ar. Beau et t.b.c.

1522　- LXXX, XL (2 var.), XX (2 var.) et X Reis fr. à **Rio.** pl. LII.8, 10 et 13. 8 ps. Ae. Belles.

1523　— 640 Reis fr. à **Bahia.** Meili pl. LI.4. Ar. t.b.c.

1524　— LXXX Reis fr. à **Bahia.** pl. LV.27. 2 pièces variées. Ae. t.b.c.

1525　— Même pièce fr. à **Bahia** avec plusieurs contremarques en losange et une hachure, autre variété de pl. LV.27. Ae. t.b.c.

1526　— **Monnaies de nécessité,** une de 1820 et quatre de 1821 de LXXX Reis fr. à **Bahia** fr. barbare, pl. LV n. 28. 5 pièces toutes variées. Lot intéressant.

1527　— X Reis fr. à **Bahia.** pl. LV n. 32. Ae. t.b.c.

1528　1822. LXXX, XL, XX et X Reis fr. à **Rio.** 4 ps. Ae. Belles.

1529　— XL et X Reis fr. à **Bahia.** 2 ps. Ae. t.b.c.

1530　— XX Reis (2 var.) et X Reis fr. à **Rio.** 3 ps. Ae. Belles.

Imperio do Brazil.

1531　**Pedro I 1822—1831.** 1823. 80 Reis fr. à **Rio.** Meili pl. III. 15. Ae. Beau.

1532　1823. 20 Reis fr. à **Rio.** Meili pl. IV. 22. Ae. Beau.

1533　— 40 Reis fr. à **Rio.** Meili pl. IV. 19. Ae. Beau.

1534　— Même pièce contremarquée de 20 ; pl. IV. 20. Ae. t.b.c.

1535　**Monnaie de nécessité de XX reis de Maranhao,** sur une double Vintem de Joao VI de 1821 fr. à Rio contremarque avec * ╳ * ╳ * Ae. Belle.
M
Voir la reproduction.

1536　**Monnaie de nécessité de Ceara,** sur une piece de 80 reis de 1827 fr. à Rio contremarque pentagone avec CEARA. Rare Ae. t.b.c.

1537　1824. **Patagon** (960 Reis) fr. à Rio. Meili pl. II. 7. Ar. t.b.c. **Lot** intéressant de trois variétés.

1538　— 640 Reis fr. à **Rio,** Meili pl. III 9. Ar. Beau.

1539　— 80, 40, 20 et 10 Reis fr. à **Rio.** Ae. 4 ps. belles.

1540　— 80 Reis fr. à **Bahia.** Meili pl. V 31. Ae. t.b.c.

1541　— 40 Reis fr. à **Bahia.** Meili pl. VI 33. Ae. t.b.c.

1542   40 Reis fr. à Rio contremarqué de 20. Ae. t.b.c.

1543   1825. **Patagon** fr. à Rio. Ar. Beau.

1544   — **Pataca** fr. à Rio. Ar. Beau.

1545   — 20 Reis fr. à Rio, contremarqué de 10. Ae. t.b.c.

1546   — 37¹/₂ Reis, monnaie locale de **Minas**. Meili pl. VIII.50. Ae. t.b.c. Rare.

1547   1826: 80, 40 et 10 Reis fr. à Rio. Ae. 3 ps. Belles.

1548   1827. 40 et 20 Reis fr. à Rio. 2 ps. Ae. t.b.c.

1549   1828. 80, 40 et 20 Reis fr. à Rio. 3 ps. Ae. t.b.c.

1550   — 10 Reis fr. à Bahia. Ae. t.b.c.

1551   1829. 80, 20 et X Reis fr. à Rio et 80 Reis poinçonnée de 40. Ae. t.b.c. 4 ps

1552   — 40 Reis, poinçonné dr 20 fr. à **Bahia**. Ae. t.b.c.

1553   — **Sao Paulo.** 80 Reis. Meili Kaiserreich Brasilien pl. VII n. 41 avec 1829 S. P. Rare. Ae. t.b.c.

1554   1830. 80 et 20 Reis fr. à Rio. Ae. 2 pièces. belles.

1555   — **Cuyaba.** 40 Reis. Meili pl. VII.53. Ae. Beau. Rare.

1556   — **Cuyaba.** 40 Reis, autre type. Meili pl. VII.54. Ae. t.b.c. Rare.

1557   1831. 40 Reis fr. à Rio. Ae. t.b.c.

1558   **Pedro II** 1831. Médaille portative à la tête de Pedro II à dr. PETRUS II . D . G . IMP . ET . PERP . BRAS . DEF. Sous le buste PARIS. Rev. Amoiries. Meili pl. XXXVI.218. Br. t.b.c.

1559   1832. 80 Reis fr. à Rio. Meili pl. XIV.9. 3 var. Ae. Belles.

1560   — 80 Reis poinçonné de 40 fr. à Rio. pl XIV.10. 2 var. Ae. Belles.

1561   — 40 Reis fr. à Rio, poinçonné de 20. pl. XIV.12. Ae. t.b.c.

1562   1833. 160 Reis fr. à Rio. Meili pl XIII.7. Rare. Ar. Superbe.

1563   — 80 Reis fr. à Rio. Meili pl. XIII.8. Rare. Ar. Superbe.

1564   1833. 80 Reis fr. à **Goyaz**, contremarqué de 20. Meili pl. VII n. 45. Rare. Ae. t.b.c.

1565   1834. 400 Reis, second système. Meili pl. XVII 31. Fonr. 8656. Ar. t.b.c.

1566   — 1200 Reis, second système. Meili pl. XVII.29. Ar. t.b.c.

1567   1837. 1200 Reis. Meili pl. XVII n. 29. Ar. Beau.

1568   1840. 100 Reis, même système. Ar. Beau.

1569   1841. Superbe médaille au buste de l'Empereur, sur son couronnement, par Azevedo. Meili pl. III n. 20. m.m. 60. Br. Belle.

1570   — Médaille, même sujet. Buste de l'Empereur en uniforme par Taylor. Rev. l'Empereur à cheval. Meili pl. III n. 16. m.m. 41. Etain doré.

1571   — Médaille au même buste. Rev. Buste d'homme à dr. dessous PO-CRAME 1841. Meili pl. III.17. m.m. 42. troué. Etain doré.

1572   1843. Petite médaille aux bustes accolés de **Pedro II** et de **Thérèse**, Empereur et Impératrice du Brésil. Meili pl. IV n. 24. m.m. 26. Br. doré. Belle.

1573   1844. 200 Reis. Meili pl. VII.32. Ar. Superbe.

1574   1846. 800 Reis. Meili pl. XVII.30. Ar. Beau.

1575   1851. 2000, 1000 et 500 Reis, troisième système. 3 ps. Ar. Superbes.

1576   1852. 2000, 1000 et 500 Reis, même type. 3 ps. Ar. belles.

1577   1853. 2000 et 1000 Reis, même type. 2 ps. Ar. belles.

1578   200 Reis de 1855 et 57, même type. 2 ps. Ar. belles.

1579   1856. 500 Reis, même type. Ar. Beau.

1580   1859. **1000 Reis,** même type. Ar. Beau.

1581   1863. Epreuve en bronze de 2000 **Reis** au buste de l'Empereur à g. Meili pl. XXI n. 53. Superbe.

1582   — Epreuve de 40 **Reis** aux armoiries ENSAIO * MONETARIO * 1863. Meili pl. XXI n. 55. Ae. Superbe.

1583   1865. **1000** et **200 Reis** ancien type. 2 ps. Ar. t.b.c.

1584   1866. Epreuve de 40 **Reis** au buste à dr. dessous ENSAIO. Meili pl. XXI n. 58. Ae. Superbe.

1585   1867. **500** et **200 Reis** au buste à g. Meili pl. XXII. n. 60 et 62. Ar. 2 ps. belles.

1586   — **500 Reis,** ancien type. Meili pl. XX n. 49. Ar. Beau.

1587   1868. **2000** et **500 Reis** au buste à g. pl. XX n. 59 et 61. 2 ps. Ar. Superbes.

1588   — **20** et **10 Reis,** même type, pl. XXIII n. 63 et 64. 2 ps. Ae. Superbes.

1589   1869. **2000** et **1000 Reis,** même type, 2 ps. Ar. Superbes.

1590   — **20** et **10 Reis.** 2 ps. Ae. Superbes.

1591   1871. **200** et **100 Reis** 3 ps. Meili pl. XXIII n. 65 et 66. 4 ps. Nick. Belles.

1592   1873. **40 Reis** au buste à dr. pl. XXIII n. 66. Ae. t.b.c.

1593   1875. **2000 Reis,** buste à g. Ar. Superbe.

1594   1878. **100 Reis.** Nickel t.b.c.

1595   1886. **100 Reis,** valeur sur fond d'azur. Meili pl. XXIV 73. Nick. Superbe

1596   **Décoration,** croix de l'étoile noir du Sud avec couronne en émail. Rare. Ar.

Republica Dos Estados Unidos do Brazil.

1597   1889. **1000 Reis** à la tête de république. Rev. ORDEM E PROGRESSO 1000 Reis. Ar. Beau.

1598   **500 Reis,** même type. Ar. Beau.

1599   **40 Reis** avec lég. A. economia far prosperazadade. Br. t.b.c.

1600   **Sao Pedro do Sul, comme république Rio Grande do Sul. Alvares Machado, Président. 1837—44.** 1835. Essai d'un Peso. Deux mains jointes tenant épée surmonté d'un bonnet de la liberté rayonnant. REPUBLCA . RIO = GRANDENSSE, dessous 1835, dans le ch. 20 - 7bre. Deux côtés semblables. m.m. 40. F. 8872. Extr. rare. Cuivre argenté. Belle.

1601   **80 Reis obsidional,** sur une pièce de 80 Reis fr. à Rio en 1832, contremarque au buste du président Machado. Ae. b.c. Inédit. Extr. rare.
Voir la reproduction.

1602   (s.d.) **100 Reis particulier.** HOTEL PASCAL — RIO GRANDE DO SUL. m.m. 20. Nickel. t.b.c Rare.

1603   **Grand Lot** de monnaies de cuivre, dates variées. 12 pièces.

Le Pérou = República Peruana.

A. Vice-royaume Espagnol.

1604 **Philippe IV**. 1650. Peso irrégulier de 8 Reales fr. à Lima avec L · * ᴍ et 1650 au dessus de six traits à dr. des colonnes 8 , manque à Heiss et Fonrobert. Ar. a.b c. Rare.

1605 **Ferdinand VI**. 1747. Peseta irrégulier fr. à Lima. F. 8902. Ar. b.c.

1606 1753. Peseta rond, fr. à Lima, variété inédite avec FED. VI. Manque à Heiss et Fonr. Ar. t.b.c.

1607 1754. Peseta pareil fr. à Lima avec FRD. Ar. t.b.c.

1608 1757. Real et Medio fr. à Lima. F. 8914 et 15. 2 ps. Ar. t.b.c.

1609 1758. Medio pareil Ar. Beau.

1610 1759. Medio pareil. F. 8919. Ar. t.b.c.

1611 **Charles III**. 1760. Peso de proclamation à Lima, au buste cuirassé du roi. Rev. Les armoiries de Lima. F. 8920. Betts 469. Ar. Beau.

1612 1762 et 63. Real aux colonnes. F. 8923. 2 ps. Ar. t.b.c.

1613 1765. Medio, même type. Ar. t b.c.

1614 1774. Toston (4 Reales) au buste, monogr. de Lima 4 R . M . I . Manque à Fonr. et Heiss. Ar. t.b.c. et Real b c. troué.

1615 1775. Medio irrégulier, contremarqué d'un ancre couronné.
Voir la reproduction.

1616 — Peseta irrégulier avec M 775 L Ar. a.b c.

1617 1781. Peseta irrégulier, var. de F. 8993. Ar. b.c.

1618 1784. Peseta au buste. F. 8936. Ar. b.c.

1619 **Charles IV**. 1789. Toston de proclamation à Lima F. 8942. Ar. gr. 14. Superbe.

1620 1793. Peseta au buste. F. 8950. Ar. t.b.c.

1621 1802. Real irrégulier avec la date fautive 182. Ar. t.b.c. Troué.

1622 1804. Peseta irrégulier avec la date fautive 184. Ar. t b.c.

1623 **Ferdinand VII**. 1808. Peso de Proclamation, par le Vice-roi **Abascal** à **Lima**. Buste du roi, gravé par *Soto*. F. 8968. Ar. gr. 27. t. bc.

1624 1810. Peso au buste lauré, Fonr. 8970, type manquant à Heiss. Ar. t.b.c.

1625 1811 Peso pareil. F. 8973, manque à Heiss. Ar. Beau.
Voir la reproduction.

1626 1811. Real. Buste lauré et drapé. Heiss pl. 66 n. 61. Ar. t.b.c.

1627 1816. Peseta irrégulier ‡ L 816 M Ar. t.b.c.

1628 1817. Peseta irrégulier L 817 M F. 8980. Ar. t.b.c.

1629 — Peseta au buste drapé. F. 8981. Ar. t.b c.

1630 1820. Real, même type. Ar. b.c.

1631 — Peseta irrégulier + L 182 M. Ar. b.c.

1632 — Peseta irrégulier M 182 L + Ar. b.c.

1633 1821. Cuartino au Château entre L· $\frac{1}{4}$ 2 variétés. Ar. b.c.

Le Pérou indépendant.

1634   1821. **Peso** sur la délivrance de Lima par San Martin. F. 8995. m.m 39. gr. 23.8. Superbe.

1635   1822. **Peso** fr. à **Lima** avec la Vertu et la Juctice debout. F. 8999. Ar. Beau.

1636   — **Obsidionale** de ¹/₄ **Real** fr. à Lima . . . Provisional . . . 1822 au centre $\frac{1}{4}$ 2 var. F. 2002. Ae. t.b.c.

1637   1823. **Peso** fr. à **Lima.** F. 9004 type de 1822. Ar. t.b.c.

1638   — **Obsidionale** de ¹/₄ **Peso** fr. par les républicains à Lima. m.m. 26. F. 9006. Ae. Belle.
Voir la reproduction.

1639   — **Obsidionale** pareille, flan plus grand. m.m. 27. F. 9007. Ae. t.b.c.

1640   — Même pièce, en cuivre argenté. t.b.c.

1641   — **Octavo de Real Obsidional**, type de F. 9006. m.m. 21. Ae. Beau

1642   — Même obsidionale, flan plus grand m.m. 22. Ae. t.b c.

1643   — **Cuartino** fr. par les royalistes, au Château. Ar. t.b.c. troué.

1644   1824. **Peso obsidional** du général espagnol **Canterac,** assiégé dans Lima par les Péruviens, sur un Peso républicain comme n. 1635 poinçon avec grande couronne dessous 1824. Extr. rare. Ar. t.b.c.
Voir la reproduction.

1645   — **Peso obsidional** pareil, seulement la couronne et la date du côté des figures. Extr. rare. Ar. t.b c.

1646   — Peso de 8 Reales obsidional, barbare et irrégulier. Ar. gr. 15.5. b.c.

1647   1826. **Peso** fr. à **Lima,** avec la Liberté debout et au revers, écusson à trois quartiers. F. 9016. **Ar. Beau.**

1648   — Médaille ou ³/₄ Peso. La constitution juré à Lima et Simon Bolivar nommé Président pour la vie. Ar. gr. 18. F. 9018. Belle.

1649   — Peseta et Real, type du Peso. F. 9019 et 20. Ar. 2 ps. t.b.c.

1650   1828. **Médaille** sur la cons'itution. Fonr. 9027. gr. 16.5. Ar. t b.c.

1651   — Jeton, même sujet. F. 9028. Ar. gr. 8.4. t.b.c.

1652   — Peso fr. à **Cuzco,** type F. 9016. Ar. t.b.c.

1653   — **Peseta** fr. à **Lima** (2 var.) et **Medio.** F. 9031 et 33. 3 ps. Ar. t.b.c.

1654   1831. **Real** fr. à **Lima.** Ar. t.b.c.

1655   1833. **Cuartino** fr. à **Lima.** Lama à dr. Ar. b.c.

1656   — **Medio** fr. à **Cuzco.** F. 9218. **Ar.** t.b.c.

1657   1834. Médaille de la constitution améliorée, jurée à **Lima.** m.m. 17. Ar. gr. 17 Belle.

1658   — **Medio** fr. à **Lima.** Ar. Beau.

1659   — Peso fr. à **Cuzco.** F. 9221. Ar. t.b.c.

1660   — **Cuartino** fr. à **Lima** au Lama et même pièce de 1856. 2 ps. Ar. t.b.c.

1661   1835. **Essai** d'un Peso sur la presse monétaire de Thonnelier par *Ach. Allier.* Ae. argenté. F. 9225. Belle.

1662   — Peso fr. à **Lima.** F. 9051. Ar. Beau.

1663   — **Peseta** fr. à **Cuzco** et **Medio** fr. à **Lima.** 2 ps. Ar. t.b.c.

1664   1836. **Peso** fr. à **Lima.** F. 9052, var. Ar. Beau.

1665 — **Toston** (4 Reales). F. 9228, 29. 4 ps. var. Ar. b.c.

1666 1837. **Peso** fr. à **Lima** avec EST . NOR — PERUANO . (monogr. de Lima 8 R . T . M. F. 9059. Ar. Rare. t b.c.

1667 — **Medio**, même légende finissant M.I. Rare. Ar. b.c.

1668 1838. **Peso**, même légende seulement EST . NOR . PERUANO . (monogr. de Lima) 8 R . M . B. F. 9060. Ar. Beau et rare.

1669 1839. Médaille sur la nouvelle constitution. F. 9062. Ar. gr. 37.5. t.b.c·

1670 — **Medio** fr. à **Lima** avec M B. Ar. b.c.

1671 1840. **Jeton** de la Monnaie à **Lima** en honneur du nouveau pavillon nacional. F. 9065. Ar. gr. 10 5. Beau et rare.

1672 1841. **Peso** avec REP . PERUANA . (monogr. de Lima) 8 R. 10 Ds 20 Gs M. B . F. 9073. Or. t.b c. mais troué.

1673 1842. **Peso** en or, armoiries remplissant le champ. Rev. couronne, dessus LIMA M B. F. 9073. Or. t.b c. mais troué.

1674 — **Real et Cuartino** fr. à **Lima.** Ar. 2 ps. belles.

1675 1844. **Medio Peso** fr. à **Pasco.** P. 9247. Rare. Ar. b.c.

1676 1845. **Peso** fr. à **Lima** tout autre gravure et des astériques entre les mots. Ar. Superbe.

1677 — **Onza** fr. à **Cuzco**, fr. en étain doré. t.b.c

1678 1850. **Medio Peso** f.d.c. **Real** et **Medio** et Medio de 1856 t.b.c. 4 ps. Ar.

1679 1852. **Peseta** sur des nouveaux lois promlgés par le Prés. D. José Rufino Echenique. F. 9097. **Ar.** F.d.c.

1680 1855. **Peso** fr. à **Lima.** F. 9103 et **Medio Real** 2 ps. Ar. t.b.c.

1681 1856. **Medio Peso** sur la nouvelle constitution. F. 9111. Ar. Beau.

1682 1858. **Medio Peso** (50 Centimos) à la Liberté deb. F. 9114 et **Medio Real**, même type. 2 ps. Ar. belles.

1683 — **Medio Sol (50 Centimos)** à la Liberté assise. F. 9115. Ar. Beau.

1684 1859. **Medio Sol (25 Centimos)** et un **Real**, même type. F. 9119, 20 et 24. 3 ps. Ar. Belles.

1685 1860. **Real et Medio** et de 1861. 4 ps. Ar. Belles.

1686 1862. **Real** sur la fête de 41 ans de l'indépendance F. 9126 et **Medio Dinero** de 1863. F. 9132. 2 ps. Ar. belles.

1687 1864. **Medio Sol.** F. 9142. Ar. t.b.c.

1688 1863. **Centavo.** 1864 et 1876. **Dos Centavos.** 2 ps. Nickel t.b.c.

1689 1865 et 1874. ¹/₅ **Sol**, 1866. 79 et 5 **Dinero.** 5 ps. Ar. belles.

1690 1876. **Jeton** sur l'élection du Président Mariano y Prodo 2 de Agosto de 1870. Ar. Beau.

1691 1879. **20, 10 et 5 Centavos**, *moneda provisional.* 3 ps. Nickel. P.d.c.

1692 1880. **Peso** de 5 Pesétas à la tête de la Liberté à g. couronné d'épis et roseau, fr. à **Lima.** Ar. Beau.

1693 — **Peso** pareil et Peseta (2 ps.) 3 ps. Ar. t.b.c.

1694 1884. **Sol** à la Liberté assise fr. à **Lima.** Ar. F.d.c.

Villes et Etats du Pérou.

1695 **Ancachs.** 1839. **Medio Peso** en honneur de la Victoire de Gamarra. fr. par la Monnaie de Cuzco. F. 9169. Ar. Beau.

1696 **Arequipa**. 1838. Peso de la république Sud-Peruana au Vulcan fumant.
F. 9171. Ar. Beau.

1697 — 1838. **Medio Peso** pareil F. 9173. Ar. t.b.c.

1698 **Ayacucho**. 1824. Médaille au buste de Bolivar en uniforme, sur
la victoire du général **Sucre** sur les Espagnols sous **Laserna** et **Canterac**.
Fonr. 9178. Ar. gr. 15.

1699 **Callao**. 1638. **Jeton**. Victoire des Espagnols près de Callao, Philippe
IV à Cheval. Dugn. 3929. Ae. t.b.c.

1700 — 1819. Méd. **militaire** pour les défenseurs de 1819. DEFENSA DEL
CALLAO EN MARZO Y OCTUBRE de 1819. F. 9088. Ar. gr. 26. t.b.c.

1701 1826. **Médaille** ovale militaire, sur la prise du Château défendue par
le général espagnol **Rodil**. F. 8189. Ar. gr. 10. Belle.
Voir la reproduction.

1702 1834. Médaille en honneur du général **Orbegoso** POR EL 3 DE ENERO
DE 1834. F. 9191. Br. argenté. Belle.

1703 1862. **Jeton, 41**ᵐᵉ anniversaire de l'Indépendance fêté à **Calla** à
l'Indien deb. F. 9194. Ar. gr. 5.5 t.bc.

1704 1863. **Centimo** particulier. *Hotel Ytaliano*. F. 9196. Lait. t.b.c.

1705 — **Jeton** 42ᵐᵉ anniversaire de l'Indépendance. Gravé par R. Britten.
F. 9195. Ar. g. 6 F. d.c.

1706 **Cuzco** 1825. Peso au buste en uniforme de **Simon Bolivar**. Rev. Le
palais des Incas EL CUZCO A SU LIBERTADOR. F. 9205. m.m. 43.
Ar. Beau.

1707 — 1834. **Peso ou médaille** sur la nouvelle constitution jurée à **Cuzco**.
F. 9219. Ar. gr. 26. Beau.

1708 — — **Peseta** au même sujet. F. 9220. Ar. gr. 6 5. b.c.

1709 — 1836. **Medio Peso** sur la déclaration d. Indépendance de l'Etat
Sud-Peruana à **Cuzco** F. 9227. Ar. t.b c. troué.

1710 — 1837 **Peso** de la République **Sud-Peruana** F. 9229. **Ar.** t.b.c

1711 — — **Peso** pareil avec FEDERACION. F. 9232. b.c. Rare.

1712 1837. **2 Reales,** au rev. dans une couronne 2 REALES — B. A. F.
9233. Ar. b c. Rare.

1713 1838. **Médaille ou Peso** au buste et en honneur du général **Santa-
Cruz**, protecteur du **Sud-Peruana**. F. 9235. Ar. Beau.

1714 — **Peso** avec CONFEDERACION. E. 9236 et 38. 2 ps. Belles.

1715 **Iquiqe** 1871. **Jeton**. Ouverture du chemin de fer d'**Iquique** à **La
Noria**. Ar. Beau. troué.

1716 **Lima**. 1745. **Shilling** au buste de George II d'Angleterre, sous le
buste **Lima,** fr. de l'argent pris à Lima. F. 8897. Ar. t.b.c.

1717 — 1746. **Crown** au buste de **Georg II** de l'argent de **Lima**. F. 8899.
Ar. t.b.c. Rare.

1718 — **Half Crown** pareil t.b.c. **Six Pence** a.b.c. 2 ps. Ar.

1719 1754. **Toston** ou médaille de l'académie de San Marcus à **Lima** avec
A. 1754. Comp. Fonr. 8907. Ar. Beau.
Voir la reproduction.

1720 1760. Médaille sur l'inauguration de Charles III. F. 8921 gr. 15. Ar.
t.b.c. troué.

1721 1808. **Peso de proclamation** de Ferdinand VI. F. 8968. Ar. gr. 27. t.b.c.

1722 1821. **Médaille** sur la délivrance de **Lima**. F. 8095. Ar. gr. 24. Belle

1723 — Même médaille. F. 8997. Ar. gr. 11. Belle.

1724 1850. 29me anniversaire de l'Indépendance. F. 9088. Ar. gr. 7.5. t.b.c.

1725 1859. **Real particulier.** *Morins Hôtel.* F. 9121. Ae. b.c.

1726 1862. Médaille de la municipalité de Lima, 41 anniversaire de l'Indépendance. Ar. gr. 11.5. Belle et rare.

1727 1863. Arbre planté par la municipalité de Lima en mémoire du 42me anniversaire de l'Indépendance. Joli jeton par Britten. F. 9128. Ar. gr. 6. F.d.c.

1728 1864. Congrès américain tenu à Lima. F. 9139. Ar. gr. 6. F.d.c.

1729 1868. 47me anniversaire de l'Indépendance. F. 9157. Ar. gr. 6. F.d.c.

1730 1872. Médaille sur la proclamation du président **Manuel Pardo.** F. 9162. Ar. gr. 12. F d.c.

1731 1873. Inauguration de l'école industrielle de la ville de Lima. F. 9164. Ar. gr. 5. F.d.c.

1732 s d. Perfumeria de **Guillon** à Lima, tête diadémée de femme, 3 variétés avec *polvos de Heliconia, polvos de Kalydorina, polvos de Magnolia.* Aluminium. F.d.c.

1733 **Mejia.** Ouverture du chemin de fer de **Mejia** à Arequipa décreté en 1863. F. 9245. Ar. gr. 24.5. Belle médaille avec locomotive fort primitive.

1734 **Mollendo.** 1871. Ouverture du chemin de fer de **Mollendo à Arequipa,** petite méd. par C. E. Bryant. F. 9246 Ar. gr. 5. F.d.c.

1735 **Pisco.** 1869. Inauguration du chemin de fer de **Pisco** à Yca. Belle méd. par Bryant. Fonr. 9250. Ar. gr. 24.5.

1736 **Puno.** Peso de proclamation du roi **Ferdinand VII** en 1808, comp. le Peseta Fonr. 9251. Extr. rare. Ar. b.c. troué.

1737 **Socabaya.** 1836. Médaille militaire uniface. EN SOCABAYA A. 7 DE FEBRERO DE 1836, au rev. grav. *P. Wiig.* Rare. Ar. t.b.c.
Voir la reproduction.

1738 **Tarma.** 1789. **Toston de proclamation** du roi Charles IV à Tarma. Manque à Fonr. Belle pièce. Ar. gr. 13.
Voir la reproduction.

1739 1808. **Toston de proclamation** au buste de **Ferdinand VII** au rev. Publicae fidelitatis juramentum Tarmae. V. 9259. Ar. gr. 13. Beau et rare.
Voir la reproduction.

1740 **Yanacocha.** 1838. Le département de Potosi (Bolivia) au Vainqueur à Yanacocha et Socabaya Jolie médaille. Fonr. 9517. Ar. gr. 7.

1740a Zepita. Médaille en forme de losange aplatie à la partie supérieure. Sur la Victoire sur les Espagnols en 1823. Fonr. 9265 Ar. gr. 9 superbe.

Bolivia. Republica Boliviano.

A. Sous le Vice-royaume du Perou.

1741 **Philippe IV.** 1653. Real barbare fr. à Potosi. F. 9271. Comp. Heiss pl. 37 n. 32. Ar. b.c.

1742 1660. Peso irrégulier fr. à Potosi, la date répétée trois fois 1660, 660 et 60 Comp: Heiss: I pl. 36 n. 20. Rare. Ar. b.c.

1743 **Charles II.** 1671. Real irrégulier fr. à Potosi. F. 9277. Même pièce de 1678. Ar. b.c.

1744 1688. Peseta irrégulier (Potosi) 2 var. et 1689 Real pareil. F. 9284 et 86. 3 ps. Ar. b.c.

1745　**Philippe V**. 1736. Toston (4 Reales) irrégulier. Comp. Heiss I pl. 49 n. 68. Ar. b c.

1746　1738. **Peseta** irrégulier, Comp: Fonr. 9292 de 1724. Ar. a.b.c.

1747　1742. **Peso** irrégulier. Heiss I pl. 49 n. 67. Ar. b c.

1748　**Ferdinand IV**. 1746 et 1759. **Peseta** irrégulier. Comp. F. 9304. 2 ps. Ar. b.c.

1749　1755. **Peso** irrégulier. Comp. Heiss pl. 53 n. 24. Ar. b.c.

1750　**Charles III**. 1765 et 1772. **Peseta** irrégulier manque à Heiss et Fonr. 3 ps. Ar. b.c.

1751　1765. **Toston** irrégulier. Comp. F. 9324 de 1769. Ar. b.c.

1752　1768 et 1779. **Peso** irrégulier. F. 9318, manque à Heiss. 2 ps. Ar. b.c.

1753　1764 et 1788. **Real** irrégulier, comp. F. 9313. 2 ps. Ar. b.c.

1754　1774. **Peso** au buste fr. à Potosi Heiss pl. 56 n. 274. F. 9334. Ar. t.b.c.

1755　1778. **Peso** pareil. F. 9310. Ar. t.b.c.

1756　**Charles IV**. 1789 et 1792. **Real** irrégulier, manque à Heiss et Fonr. 2 ps. Ar. b c.

1757　Cuartino de 1799, 1800 et 1802. Heiss pl. 59 n. 25. F. 9370, 73. 3 ps. Ar. t.b c.

1758　1805. **Peso** au buste. F. 9381. Ar. b.c.

1759　1808. **Toston** au buste. F. 9386. Ar. b.c.

1760　— **Medio** F. 9390 et **Cuartino** F. 9373. 3 ps. Ar. t.b c.

1761　**Ferdinand VII**. 1808. **Peso** de Proclamation à Potosi. F. 9391. **Ar.** b.c. troué.

1762　1801. **Peseta** au buste avec P. 2R. F F. manque à Fonr. petit trou. Ar. t.b.c.

1763　1820. **Peseta** au buste avec P. 2R. F.M manque à Fonr. petit trou. Ar. bc.

1764　1824. **Peso** au buste lauré, avec Minerve assise à g. CERTAMEN LITERARIO — POTOSI. gr. 32.5 F. 9418. Ar. F.d.c.

1765　1825. **Medio** au buste F. 9424. Ar. Rare. t.b.c.

B.　Bolivia République Indépendante.

1766　1827. **Peso** au bus'e de **Bolivar**. Rev. Arbre entre deux Lamas couchés. fr. à Potosi. F. 9471 Ar. F.d.c.

1767　1828 et 1829. **Medio Sueldo** (¹/₁₆ Peso) au buste F. 9484. 2 ps. Ar. belle.

1768　1829. **Sueldo** avec *Paz. Union e independencia de Bolivia*. F. 9481. Ar. Beau.

1769　1830. **Medio Peso**, (2 var.) 2 Sueldo, (2 var.) 1 Sueldo et Medio. F. 9489. 92.94 et 84. 5 ps. Ar. t b.c.

1770　1830. **Medio Peso et Sueldo**. 2 ps. Ar. t.b.c.

1771　1831. **Sueldo** sur la constitution. F. 9498. Ar. troué. b.c.

1772　1833. **Sueldo** en honneur du président Santa-Cruz offert par le Tribunal Général des Mines. F. 9502. Ar. Beau.

1773　1839. **Sueldo** sur la constitution offerte par le président José Miguel de Velasco. F. 9524.

1775 1840. **Onza** (8 Escudos) frappé en étain et doré. Comp. F. 9505. t.b.c.

1776 1841. **Sueldo** en honneur du président Velasco. GRATITUD DEL DEPARTAMENTO D POTOSI — AL DEFENSOR D LA INDEPEN-DENCIA NACIL. Ar. troué. t.b c.

1777 1842. **Peso** au palmier entre deux lamas. F. 9533. Ar. Beau.

1778 1843. **Sueldo** sur la constitution de 1843. F. 9543. Ar. Beau.

1779 1844. **Peso** au palmier. F. 9538. Ar. Beau

1780 1846. **Onza** (8 Escudos) fr. en étain et doré t.b.c.

1781 1849. **Sueldo** en honneur du general Belzu.

1782 — **Peso** au palmier accosté de lamas. F. 9550. Ar. Beau.

1783 1850. **Medio Peso.** en mémoire de l'apaisement de la révolte par le président Belzu, variété de F. 9552 avec E . MOLON. Ar. petit trou t.b.c.

1784 1851. **Sueldo** F. 9558, 1852 **Peseta** F. 9567 **Sueldo** F. 9569 et **Cuartino** au lama deb. à d. F. 9579 4 ps. Ar. t.b.c.

1785 1854. **Escudo d'Oro** = 2 Pesos à la tête du président Belzu. F. 9590. Or. F.d.c.

1786 — **Medio Peso** (4 Sueldos) (2 var.) F. 9600. Ar. Beau et t.b.c.

1787 1855. **Medio Peso** et **Sueldo** fr. à **La Paz.** F. 9768. 2 ps. Ar. b.c.

1788 1856. **Peseta,** anniversaire de l'élection du prés. Córdova. F. 9612. Ar. t.b c. troué.

1789 — **Medio Peso, Sueldo** et **Medio Sueldo** fr. à Potosi. F. 9618 et 19. 3 ps. Ar. t.b.c.

1790 1857. **Medio Peso** fr. à **La Paz.** Comp. F. 9768. Ar. t.b.c.

1791 1858. **Medio Peso** et **Sueldo** fr. à Potosi F. 9628 et 29. 2 ps. Ar. t.b.c.

1792 1859. **Sueldo** et **Medio Sueldo.** F. 9638. Ar. Beau.

1793 1860. **Medio Peso** F. 9641, **Peseta** et **Medio Sueldo** F. 9644 et 45. Ar. 3 ps. belles et **Medio Peso** F. 9642. Ar. a.b.c.

1794 1861. **Peseta** et **Sueldo.** F. 9647. 2 ps. Ar. t.b.c.

1795 1862. **Peso, Peseta** et **Medio Sueldo** et **Peseta** de 1863. F. 9648, 51 et 55. 4 ps. Ar. t.b.c.

1796 1864. **Boliviano** (10 Reales) fr. à Potosi. F. 9658. 2 ps. **Tomin** (¹/₈ Boliviano), F. 9662. 3 var. Ar. 6 ps. t.b.c. et f.d.c.

1797 1865. **Boliviano** en honneur du Général **Melgarejo.** Buste du général à g. F. 9676. Ar. t.b.c.

1798 — **Medio Real** (¹/₁₆ Boliviano), même sujet. F. 9682. Ar. b.c.

1799 **Medio Boliviano** et **Tomin** aux bustes de Melgarejo et Munoz offerte par les maçons de Potosi. F. 9689 et 92 et 94. 3 ps. t.b.c.

1800 1871. **Boliviano** et **Real.** F. 9725 et 28. 2 ps. Ar. t.b.c.

1801 1872. **Boliviano.** F. 9731 avec F. F 1872 et autre avec 1872 F. F. Ar. 2 pièces belles.

1802 – **Tomin** et **Medio Real.** F. 9733. Ar. 2 ps. belles.

1803 1873 **Medio Boliviano** et **Real.** F. 9734. 2 ps. Ar. belles.

1804 1874. **Tomin** de 1874, 75 et 77 et **Medio Boliviano** de 1879. Ar. 4 ps. belles.

1805 1883. **10 Centavos** et **5 Centavos.** Essais en Nickel, signés F. G. 2 ps. superbe.

1806 — **2 et 1 Centavo.** Essaie en brcnze, avec F. G. 2 ps. superbes.

1807 **Ordre de Simon Bolivar.** Son buste en uniforme à g. sur un entou-

rage en Vermeil bleu SIMON BOLIVAR au rev. Armoiries, le tout dans un entourage rayonnant. Or. gr. 1.7.
Voir la reproduction.

1808 **Chuquisaca**. 1825. Mêdaille au buste et en honneur de Simon Bolivar PADRE DE LA PATRIA SIMON BOLIVAR. Rev. Guerrier et la Paix accostant l'hémysphère LA GRATITUD DE CHUQUI SACA ASV LIBERTADOR 1825. m.m. 43. Ar. gr. 36 5. Superbe.

1809 **Cochahamba**. 1863. Peseta au buste et en honneur du président. José Maria de Acha = OBSE QUIO DEL PUEBLO DE COCHA-HAMBA. F. 9750. Ar. t.b.c. troué.

1809*a* Huanchaca. Marque en gummi de 50 Centavos. Belle.

1810 **La Paz**. **(La Paz de Ayacucho)** 1853. Peseta et Sueldo sur l'érection. de la Monnaie à La Paz. F. 9756 et 58. 2 ps. Ar. t.b c.

1811 — 1854. Sueldo en honneur du Président Belzu. F. 9765. **Ar. b.c.**

1812 **Potosi**. 1811. Médaille en honneur et au buste du général Don Josephus Emanuel de Goyeneche de Arequipa, pour l'apaisement de la révolte, offerte par la ville de Potosi. Gravée par Moncayo F. 9395 m.m. 44. Ar. gr. 42.5. Belle.

1813 1825. Médaille en honneur de Bolivar. PADRE DE LA PATRIA SIMON BOLIVAR. Son buste en uniforme. Vue de la ville au pied du Cerro de Potosi, surmonté du soleil POTOSI MANIFESTA SV GRATITUD AL GENIO D LA LIBERTAD 1825 gr. 24.5. Ar. Superbe.

1814 **Jeton ou Peseta** . ALOS LIBERTADORES DE COLOMBIA Y PERV Lama debout à g. Rev. Vue de la Ville de Potosi au pied du Cerro de Potosi CRATITUD DE LOS EMPLA DORES DE POTOSI. Fonr. 9167 gr. 6 6. Ar. Beau.

1815 — Médaille ovale pour les soldats dans la guerre de l'indépendance LA REPUBLICA BOLIVAR . AGRADECIDA AL HEROE CUYO NOMBRE LLEVA. F. 9449. Ar. gr. 29.5. Belle.
Voir la reproduction.

1816 1826. Sueldo en mémoire de la constituion par les habitants de Potosi. F. 9470 Ar. Beau.

1817 **1839. Sueldo** POTOSI A LA REGENERACION DE BOLIVIA. F. 9524. Ar. t.b.c. troué.

1818 1849. **Sueldo** offert au général **Belzu** par le departement de Potosi. F. 9549. Ar. t.b.c troué.

1819 1852 et 54. **Sueldo's** en honneur du président **Belzu.** F. 9582 (troué) et 9595. 2 ps. Ar. t b.c.

1820 1855. **Peseta** sur la renoncation du prés. Belzu. F. 9601 (troué) et Peseta sur l'élection du président **Cordova**. F. 9606. 2 ps. Ar. t.b.c.

1821 1865. **Medio Boliviano** aux bustes de Melgarejo et Munoz offert par les maçons de Potosi. 2 var. F. 9689 et 92. 2 ps. Ar. t.b.c.

1822 — **Tomin** au buste de Munoz le sécrétaire municipal. F. 9699. Ar. b.c.

1823 1869. Médaille au buste du président Melgarejo à g. Inauguration de la Monnaie à Vapeur à Potosi. F. 9721. gr. 9. Ar. Belle.

1824 **Viacha**. Médaille en honneur du Docteur **José Raimondo Taborga.** Bustes de Melgarejo et Munoz à g. Rev. dans un cercle perlé *Uno de los pacificadores de Su patria — Viacha 24 de enero de 1860.* F. 9801. Ar. gr. 34. Superbe.
Voir la reproduction.

1825 **Yngavi** s. d. (1841). **Peseta** en mémoire de la Victoire du président de Bolivia à Yngavi sur les Péruviens sous Gamarra. Indien sonnant de la corne *Potosi trasmite a la posteridad*. Rev. *La Gloria del Vincedor de Ingavi*. Ar. gr. 6.8. F. 9786. Beau.

1826 1842. **Sueldo** en honneur du président Ballivian, anniversaire de la victoire de Yngavi, offert par les Essaieurs du département de Potosi. F. 9799. Ar. t.b.c. troué.

1827 1844. **Sueldo** de la capitale de Potosi AL IV ANIVERSARIO DE INGAVI. F. 9800. Ar. b.c. troué.

Republique de Chile.

Capitanat Espagnol.

1828 **Charles IV**. 1789. Peso de proclamation au buste du roi par Nazual. Rev. Deux Indiens armés, à dr. une autruche. F. 9806 cuivre argenté b.c.

1829 1807. Peseta avec la date fautive 1870 au lieu de 1807 comp. F. 9817. Ar. b.c. Rare.

1830 **Ferdinand VII**. 1809. Peso au buste. F. 9818. Ar. Beau.

1831 — 1810. Peseta au buste lauré, comp. F. 9819. Ar. t.b.c.

1832 **Cuartino** au Château accosté de $\overset{o}{S}\ \frac{1}{4}$ de 1810, 1815 et 1817 (3 var.) 5 ps. Ar. t.b.c.

1833 — 1813. **Toston** au buste lauré. Ar. Beau.

1834 1817. **Peseta** même type. F. 9824. Ar. b.c.

Republique de Chile.

1835 1817. **Peso** fr. à **Santiago,** Vulcan fumant, dessus dans une couronne de feuilles UN PESO dessous SANTIAGO. F. 9840. 2 var. Ar. Belles.

1836 1822. Peso pareil. F. 9847. Ar. t.b.c.

1837 1823. Peseta sur la constitution. F. 9848. Ar. gr. 6.5 Beau.

1838 — Peso, type de n. 1835. F. 9849. Ar. Beau.

1839 1833. **Medio Real,** type du Peso. F. 9855. Ar. troué b.c.

1840 — **Cuartino** UN—CUART—$\overset{o}{S}$. F. 9856 2 var. Ar. t.b.c.

1841 1834. **Escudo** d'Oro (2 Pesos) F. 9857, Or. t.b.c.

1842 — Peseta. **Real** et **Medio** et Cuartino (troués) et Medio de 1854. 5 ps. Ar. b.c.

1843 1835. Centavo et **Medio Centavo** (3 var.) Ae. 4 ps. t.b.c.

1844 1836. **Onza**. Essai en bronze doré. F. 9866. F.d.c.

1845 — Même pièce, essai en bronze. Belle.

1846 1838. **Escudo** d'oro (2 Pesos) F. 9870. Or. t.b.c.

1847 **Real** de 1840. **Medio** de 1838 et 42. 3 ps. Ar. t.b.c.

1848 **Peseta** de 1843, 44, 46 et 50, **Real** de 1843 et 46. 6 ps. Ar. Belles.

1849 1848. **Peso** de 8 Reales. F. 9890. Ar. Beau.

1850   1851. **Peso** en or. Pièce d'essai. REPUBLIQUE FRANÇAISE. Tête diadémée de la Liberté, sur le diadème six enfants. Rev. **Presses-monétaires** — du **Chili** — essai — 1881. Or. gr. 2.3 Superbe.

1851   — **Peso.** Essai du **Peso** d'argent au même type. Rev. dans une couronne. *Essai—1851*, à l'entour *Presses monitaires du chili*. Cuivre argenté Belle.

1852   Centavo de 1851 (2) et 1853, **Medio Centavo** de 1851 et 53 (2) Ae. 6 ps. Belles.

1853   — Peso de 1855 F. 9921, 50 **Centavos** de 1853. F. 9913, **20 Cent.** de 1152 F. 9910. **Decimo** de 1855 et **Medio** de 1853 et 55 6 ps. Ar. Belles.

1854   1856. 50 et 20 **Centavos** F. 9926. **Medio** de 1861. 3 ps. Ar. t.b.c.

1855   1857. **Escudo** (2 Pesos) F. 9930. Or. t b.c.

1856   1860. Essai d'un **Centavo.** Etoile dans un entourage de feuilles. Rev. 10 dans une couronne de chêne en haut Essai F. 9946. Br. F.d.c.
                 Voir la reproduction.

1857   1861. **Peso** F. 9917. Or. Beau.

1858   50 **Centavos** de 1862, **20 Centavos** de 1865, 66 et 67 **Decimo** de 1864 et 66 et **Medio** de 1869 touts de nouveau type, et 20 **Centavos** de 1862. vieux type 8 ps. Ar. F.d.c. et t.b.c.

1859   Peso de 1868, 50 **Cent.** et Decimo de 1870. 3 ps. Ar. t.b.c.

1860   50 et 20 **Centavos** de 1872, 20 et 5 **Centavos** de 1880 et 10 **Centavos** de 1881. 5 ps. Ar. 2 Centavos de 1872 et 1 Centavos de 1872 (2) 3 ps. Nickel t.b.c.

1861   1883. **Centavo** et **Medio Centavo** 2 ps. Ae. t.b.c. 1885. **Dos Centavos** et **Medio** 2 ps. Ae. F.d.c. 1886 2¹/₂ et **Dos** et un **Centavos.** Ae. F.d.c. et 1887 2¹/₂ **Centavos.** Ae. F.d.c. Lot intéressant.

1862   **Copiapo.** Peso obsidional frappé en 1859 par Pedro Leon Galle pendant la révolution contre le président Manuel Mont. F. 9837. Mailliet Suppl. pl. 24 n. 1. Ar. gr. 22. Beau.

1863   — **Medio** Peso pareil sous l'écusson 50 . C . Fonr. 9838. manque à Mailliet. Ar. gr. 11. Beau et rare.

1864   — **Peso** obsidional fr. à **Copiapo** pendant le blocus des ports de Chile par les Espagnols Ecusson accosté de I—P dessus COPIAPO, dessous CHILE. Fonr. 9979. Mailliet suppl. pl. 27 n. 1. Ar. t b.c.

1865   **Valparaiso.** Deux marques de tramway de première classe en gummi rouge et une de seconde classe en gummi noir.

1866   **Décoration** en **Or** pour les officiers qui se sont distingué à **Tagna** le 20 Mai 1880, dans la guerre **du Chile** contre **Bolivia.** Superbe pièce avec ruban, rouge, bleu et blanc et agrafe en Or. Poids de l'or gr. 13.4.

1867   **Décoration** en argent, de la campagne de **Lima,** ruban bleu avec deux agrafes sur lesquelles MIRAFLORES — CHORILLOS, l'émail un peu endommagé. Ar. Rare.

1868   **Araucanie** et **Patagonie** 1874. **Dos Centavos** d'**Orlie Antoine** 1er roi. Ae. F.d.c. Rare.

> C'est une curieuse histoire cet royaume d'Araucanie fondé par un avocat parisien **O. A. de Tonnens.** Après une règne de quelques années il fut chassé par les Chilenois. En 1874 il s'embarqua en Angleterre pour aller reconquérir son royaume, mais il fut emprissonné par la frégatte argentinienne „Sociedad" et transporté à Beunos-Ayres.

République Argentine.

A. Provincias Unidas del Rio de la Plata.

1869　1813. Peso de 8 Reales fr. à Rioja PROVINCIAS DEL RIO DE LA PLATA. F 9993. Ar. Superbe.

1870　— Peso pareil. F. 9994. Ar. Superbe.

1871　— Peseta 2 var. F. 9997, Real et Medio. F. 9998 et 99. 4 ps. Ar. t.b.c.

1872　1815. Peso pareil F. 10000. Ar. t.b.c. *Yajouté la même pièce en fer.*

1873　— Peseta, Sueldo et Medio Sueldo. F. 10007. 2 ps. Ar. b.c. t.b.c.

1874　1824. 2 Sueldos (Peseta) et 1 Real. F. 10009 et 10010. 2 ps. Ar. t b.c.

1875　1825. 2 Sueldos. F. 10013. Ar. t.b.c.

1876　1826. 2 Sueldos. F. 10016—19. 7 pièces variées. Ar. 6 ps. t.b.c. 1 a.b.c.

1877　1828. Peso et Medio Peso. F. 10020. 2 ps. Ar. t.b.c.

1878　1832. Medio Peso. F. 10023. Ar. t.b.c.

1879　1833. Peso, manque à Fonr. Ar. t.b.c.

1880　1834. Peso. F. 10022. Ar. t.b.c.

1881　1836. Peso pareil F. 10024. Ar. Beau.

> C'est bien remarquable de trouver un Peso des Provinces Unies de Rio de la Plata avec la date 1836, parceque en 1835 cet Etat fut réformé en la Republique Argentine Confédérée.

B. República Argentine Confederada.

1882　**Juan Manuel de Rosas, Dictateur.** 1838. Peso fr. à **Rioja** REPUB . ARGENTINA . CON FEDERADA . R . 1838 devant un montagne trophée d'armes Rev. ❀ ETERNO LOOR AL RESTAURADOR ROSAS. Armoiries entre 8—R. F. 10027. Ar. Beau.

1883　1839. Peso pareil. F. 10028. Ar. t.b.c.

1884　1840. Peso pareil. F. 10029. Ar. t.b.c.

1885　1842. Peseta au buste en uniforme à g. du Dictateur dessous ROSAS F. 10031. Ar. b.c.

1886　— Peseta pareil, sous le buste ROSAS. F. 10032. Ar. t.b.c.

1887　1843. Peseta, type du Peso n. 1882. F. 10026. Ar. F.d.c.

1888　— Peseta au dessus la montagne grand soleil entre 2—R F. 10034. Ar. b.c.

1889　1846. Medio Peso F. 10010. 2 ps. Ar. t.b.c.

1890　**Medio Peso** de 1849 et 50 et **Medio Real** de 1844. F. 10037,41 et 43. 3 ps. Ar. t.b.c.

C. Republica Argentina.

1891　1854. 1, 2 et 4 Centavos (2) CONFEDERACION ARGENTINA. F. 10054—56. 4 ps. Ae. t.b.c.

1892　Sans date (1852)? Essai d'un Peso . REPUBLICA fleuron — ARGEN-

TINA fleuron . Rev. Le soleil LIBERTAD ❀ MUERTE — ❀ F. 10050.
Cuivre argenté rare.

1893 1876. Essai d'un Peso. fuerte par Zuccotti REPUBLICA ARGENTINA
* 1876 * Armoiries. Rev. La Liberté debout tenant lance et écusson
aux armoiries, dessus * LIBERTAD * à gauche UN PESO à dr.
FUERTE à l'ex. nom du graveur sur la tranche * * * YGUALDAD
ANTE LALEY * * * Ar. gr. 21.5. Superbe.
Voir la reproduction.

1894 1878. Essai de 2 Centavos et de 1 Centavos à la tête diadémée de la
Liberté à g. sous la tête c.t. et essai. Extr. rare. Ae. F d c.

1895 1879. Essai en piedfort d'un Patacon, REPUBLICA ARGENTINA .
Tête de la Liberté à g., dessous *Essai 1879 C. Würden*, Rev. Armoiries * LEY DEL 25 DE SETIEMBRE 1878. * UN PATACON m.m.
37. gr. 52. Ar. Superbe Extr. rare.
Voir la reproduction.

1896 — Essai en piedfort de 80 Centavos fuertes, même type seulement
au revers 80 CENTAVOS FUERTES m.m. 35 gr. 40. Ar. Superbe.
Extr. rare.

1897 — Essai en piedfort de 40 Centavos fuertes, même type seulement au
revers 40 au lieu de 80 m.m. 27. gr. 21. Ar. Snperbe. Extr. rare.

1898 1882. Peso de 100 Centavos fr sur le pied des pièces de 5 Francs.
Coin à la tête de la Liberté, gravé par Oudiné. Ar. Beau.

1899 — 50 Centavos, même type, Ar. 2 ps. belles.

1900 — 20 et 10 Centavos, même type. Ar. 2 ps F.d.c.

1901 1883. 50 Centavos (2 ps) 20 Cents de 1882 et 83 et 10 Centavos Ar.
4 ps. belles.

1902 Dos Centavos de 1883 et 84. 2 ps. Ae. t.b.c.

1903 1860 Peso quadruple ou Médaille en mémoire de l'union Argentine.
Dans une couronne de laurier et de chêne A LA UNION NACIONAL
DE LA REPUBLICA ARGENTINA 1860 à l'entour AL GRAN
PUEBLO ARGENTINO SALUD. dessous *Pablo Cataldi grabo Buenos
Ayres.* Rev. Les armoiries des divers Etats, m.m. 55. Ar. gr. 98.
Superbe Extr. rare.
Voir la reproduction.

1904 1865—69. Décoration miliatire, guerre contre le **Paraguya** EJERCITO
ARGENTINO . DE OPERACIONFS CONTRA EL PARAGUAY m.m.
25. Br. belle.

1905 S.d. Marque de Zinc du chemin de fer du Sud F. C. D. S. (Ferro
Carril del Sud 50 No. Fonr. 10044. Belle.

Buenos Ayres Etat et Ville.

1906 1808. **Médaille de proclamation** de Ferdinand VII son buste à g. orné
de l'ordre de la toison d'or A FERNANDO VII * REY AUGUSTO
DESPANA * YDELAS YNDIAS . F. 10062. Ar. gr. 35.5. Belle et rare.

1907 **Beunos Ayres** indépendante 1822 et 1823 **Decimo.** F. 10064 et 65.
2 ps. Ae. t.b.c.

1908 1827. **20 Decimos** du Banco Nacional. F. 10068 (a.b.c.) **10 Decimos**
F. 10069 (2 var. b.c. un troué) ⁵/₁₀ F. 10071 et ¹/₄ **Decimo,** manque
à Fonr. 2 var. t.b.c. ensemble. 6 ps. Ae.

1909 1828. **10 Décimos** et ⁵/₁₀ **Decimos** (2 var.) F. 10072 et 73. 3 ps. Ae. t.b.c.

1910 1830. **20 10 et ⁵/₁₀ Decimos.** F. 10074, 75 et 78. 4 ps. Ae. b c.

1911   1831. **Medio Decimo** $^5/_{10}$ F. 10080. Ae. Beau.

1912   **2 Reales** CASADE MONEDA de 1840, 44, 53, 54 et 55. Lot intéressant de 11 pièces. Ae. t.b.c. et b.c.

1913   **2 Reales** pareil de 1856 et 1861. Real de 1840 et 54, et Medio de
1840. Lot intéressant de 4 pièces. Ae. t.b.c. et b.c.

1914   1854. **Jeton** sur la constitution de l'Etat de **Buenos-Ayres** F. 10057.
Ar. gr. 9.5 t.b.c.

1915   1873. Médaille sur la constitution SALUD AL PUEBLODE—BUENOS
AIRES. Ar. gr. 11 t.b.c. troué.

1916   Même pièce en bronze. Belle.

1917   1865– 69. **Décoration Militaire** pour la garde nationale de Buenos-Ayres,
campagne contre le Paraguay. F. 10059. Ar. gr. 11. Superbe.

1918   1868. Inauguration da la Fontaine. *Inauguracion de las Aguas filtrados.*
m.m. 23. Br. t.b.c.

1919   1878. Méd. en honneur du Grand Capitaine de l'Indépendance Américaine, au buste du **Dr. José de San Martin.** m.m. 34. Br. t.b.c.

1920   1882. Exposition continental de Buenoo-Ayres *Alambre de Acero del
Creusot.* Laiton F.d.c.

1921   **Tramway Central** marque en nickel de F. & I Lacrone t.b.c.

1922   Tramways. Marque en gummi de seconde classe. 2 var.

1923   **Cordova État.** s.d. Cuartino, soleil. Rev. $\frac{1}{4}$ F. 10100. Ar. troué.

1924   1840. **Real** PROVINCIA DE CORDOVA. 1840. Rev. Soleil EN UNION
Y LIBERTAD. P. N. P. Manque à Fonr. Ar. b.c.

1925   1841. **Real.** Ecusson, deux bras tenant bâton surmonté d'un bonnet entre
deux é:oiles. Rev. CONFEDERADA AN. P. Soleil. F. 10108. Ar. t.b.c.

1926   1841 **Real.** Tour entouré de fanons. Rev. soleil. F. 10112. Ar. b.c.

1927   1842. **Real** comme N. 1925. Ar. t.b.c.

1928   1843. **Real** comme 1925 avec 1843. Ar. b c.

1929   1844. Peseta comme 1926 F. 10117 et 18. 2 ps. Ar. t.b.c.

1930   1845. **Medio Peso,** même type. F. 10120. 2 var. Ar. t.b.c et b c.

1931   1846. Peseta, type de N. 1926 et **Real** (2 var.) type de 1925. 3 ps. Ar.b.c.

1932   Peseta de 1846 (3 var.) de 1849 (4 var.) F. 10125 et 30. Ar. 7 ps. b.c.

1933   **Real** de 1848 (3 var.) F. 10128, et **Medio Real** de 1850 (2 var.) Ar. 5 ps. b.c.

1934   **Medio Peso.** 1850 et 1851 (2 var.) F. 10131 et 32. 3 ps. Ar. t.b.c

1935   1852. **Peso.** PROVINCIA DE CORDOBA. tour. Rev. CONFEDERAJO
8. Rs 1852 9 Ps. Face du Soleil rayonnant F. 10135. Ar. t.b c.

1936   — **Medio Peso.** F. 10137. 3 ps. Ar. t.b.c.

1937   **Rioja Etat. Real obsidional** s.d. sur un Real de 1829 fr. à Popayan,
grand **R** dans un carré.

1938   1860 Peseta . CONFEDERATION-ARGENTINA . Rev. CREDITOPUB
. DE LA RIOJA — 2 Reales — 98 1860 B. F. 10144 Ar. t.b.c. rare.

1939   1854. **Medio Real** REPUB . ARGENT . CONFEDERADA ✿ Armoiries. Rev. dans le champ $\frac{1}{2}$ REAL à l'entour PROV . DE . RIOJA
9 . D . 1154 . B . F. 10142. Ar. t.b.c.

1940   **Medio Real** CONFEDE RACION ARGENTINA ✿ Rev. $\frac{1}{2}$ REAL et à

l'entour CRED . PUB . DE LARIOJA . 9 D . 1854 . B. F. 10143.
Ar. t.b.c.

1941   1860. 2 Reales même type avec CREDITO F. 10144. Ar. b.c.

Uruguay République.

1942   Peso fr. en essai . ESTA DO ORIENTAL DEL URUGAY. Armoiries
écartelées dans un oval. Rev. dans une couronne *Sarandi – Ytusainco
Rincon de las - callinas* F. 10148. Cuivre argenté. Beau.
Voir la reproduction.

1943   **Medio Peso** pareil fr. en essai, seulement au revers PARIS—⊛T⊛
Cuivre argentie bc.

1944   **Medio Peso** fr en essai, au revers PARIS —⊛—⊛— T W & W.
Cuivre doré Belle.

1945   1840. 20 Centimos PEPUBLICA ORIENTAL DEL URUGUAY 1840.
F. 10153. Ae. t.b.c.

1946   1843. Même pièce. F. 10155. Ae. t b.c.

1947   1844. Peso **obsidional** fr. pendant le siège de **Montevideo** par le général
Manuel Oribe au rev. SITIO DE MONTEVIDEO — UN PESO
FUERTE Fonr 10156. Ar. gr. 27. Beau.
Voir la reproduction.

1948   — 40 Centesimos F. 10159 et un exemplaire avec la tête du soleil plus
en relief. 2 var. Ae t.b.c.

1949   1855. 20 Centesimos var. de F. 10163 Ae. t.b.c. Rare.

1950   1857. 40—20 et 5 Centesimos et 5 Cent. de 1854 fr. à **Lyon** F. 10164-66.
4 ps. Ae. belles.

1951   1869. 4, 2 et 1 Centesimos fr. à **Paris** et mêmes pièces fr. à **La
Rochelle.** 6 ps. Ae. Belles.

1952   1877. Peso, nouveau type, fr. à Paris. Ar. gr. 25.5. Beau.

1953   — 50 Centesimos, même type. Ar. Beau.

1954   — 20, 10 Centesimos (2 var.) même type 3 ps. t.b.c.

Republique del Paraguay.

1955   1845. ¹/₁ Real. F. 10182. ·Ae. 3 ps. Belle t.b.c. et b.c.

1956   1854. **Essai d'un Peso de 10 Reales,** en étain le droit doublé d'argent
F. 10183. Belle.
Voir la reproduction.

1957   1855. Essai d'un Peso pareil en étain avec le revers doublé d'argent.
Belles.

1958   1868. Peso **obsidional.** Pesa de Bogota de 1839 contremarqué par le
Président **Francisco Solano Lopez** dans la guerre contre le Brésil
l'Argentine et l'Uruguay d'un poinçon au lion assis de Paraguay entre
18 68. Fonr. 10187 (son Exemplaire.) Extr. rare. Ar. t.b c.

1959   — 2 **Reales** avec PAZ Y JUSTICIA. Essai fr. en Bronze. F. 10190.
F.d.c. Extr. rare.

1960   — 2 Reales fr. en essai PAZ Y JUSTICIA à la tête diadémée
F. 10195. Br. Belle.

1961   1870. 4 Centesimos, 2 Centesimos et 1 Centesimos. F. 10196—7. 4 ps.
Ar. Belles.

Monnaies et Médailles omises.

1962 Amérique, Canada, Magdalen-Island. Penny au phoque. Atkins n. 1. Ae. b.c.

1963 United States, Annapolis. 1783. Shilling. J : CHALMERS ⚭ ANNAPOLIS ⚭ 1783. Rev. Douze annelets dont onze contiennent une étoile. Manque à Fonrobert. Ar. b.c. Authenticité douteuse.

1964 1783. **Paix de Versailles avec LIBERTAS AMERICANA.** Louis XVI assis, devant lui une femme attachant un écusson à une colonne, à l'ex. la date. Rev. COMMVNI CONSENSV. Pallas deb. à g. tenant les armoiries de la France, d'Angleterre, d'Espagne et des Pays-Bas. v. Loon Suppl. 593, Betts 608. gr. 25. Fort rare. Superbe.

1965 United States. 1810. Cent. Ae. beau et 2 var. b.c. F. 509 et 10.

1966 — 1811. **Half Dollar et Dime.** F. 512 et 13. 2 ps. Ar. Belles.

1967 — 1812 et 14. **Half Dollar.** F. 517 et 21. 2 ps. Ar. Belles.

1968 — 1814. **Dime.** F. 522. Ar. Beau.

1969 — 1815. **Quarter Dollar.** F. 524. Ar. t.b.c.

1970 — Cents de 1813, 14 [3 ps.] 1816 [3 ps.] 6 pièces. Ae. t.b.c. et b.c.

1971 — 1818. **Half et Quarter Dollar.** F. 536 et 37. Ar. 2 ps. Belles.

1972 — — Cent. F. 539 et 40. Ae. 4 ps. belles.

1972a Missisippi. John Law and the Missisippi Company. Médaille satirique. *Qui Modo Croesus erat* ⚭ *Irus et est subito* — * * * *Paris-Missisippischer-Action General Director est. est. Laws Scotus Edinburgicus etc.* Betts n. 119. Etain. t.b.c. Extr. rare.

1973 Omaha [Nebraska]. 1886. *Inter State Exposition.* Méd. offerte par C. W. Lininger Manager. m.m. 38. Br. t.b.c.

1974 Half Dollar de 1858 poinçonné de W : O : B et **Quarter Dollar** de 1854 avec B. C. HOFF. 2 ps. Ar.

1975 Cent de 1802 poinçonné de F. RICHARDS. Cent de 1837 avec N. S. OAKS. Cent de 1838 avec C V S et de 1847 avec C. C. Q. Cent de 1827 avec $\frac{S.}{S.H.}$ 4 ps. Ae.

1976 Christopher Columbo. Son buste à g. CHRISTOV COLON. — Rev. RECUERDO DEL 4· CENTENARIO 1892. m m. Br. Argenté.

1977 James Cook navigateur anglais, découvrit plusieurs parties de l'Amérique alors inconnues. Son buste. Br. Beau.

1978 Willem Krul [Crul] commandant la flotte hollandaise à l'engagement à St. Eustache contre l'amiral Rodney. Il mourut dans le combat 25 Novre 1781. Son buste à g. par Simon. m.m. 47. Br. F.d.c.

1979 Florence Nightingale. Son buste à g. lisant dans un livre, dans un oval. Rev. édifice par Pincher. m.m. 42. Etain. t.b.c.

1980 J. Arnold Zoutman, amiral hollandais, le héros de Doggersbank. Son buste à g. par Simon m.m. 47. Br. F.d.c.

1981 Brésil. René Duguay-Trouin. Son buste à dr. Expédition contre Rio de Janeiro en 1711. m.m. 41. de Cavalcanti n. 13. Br. t.b.c.

1982 L'amiral hollandais Piet Hein. Son buste à g. par Simon. Comparez de Cavalcanti n. 6. Br. m.m. 47. F.d.c.

1983 Les hollandais au Brésil. 1596. Equipement de la première flotte commerciale au Brésil. Arion sur un dauphin. NVNC × SPE × NVNC

× METV × 1596. van Loon I éd. holl. 488, éd. fr. 477 n. 2. de Caval canti n. 2. Ae. t.b.c.

1984 1599. Expédition de l'amiral van der Does aux Colonies Espagnoles et au Brésil. van Loon I éd. fr. 519, éd. holl. 532 n. 2. de Cavalcanti n. 4. Jeton fort rare en argent. t.b.c.

1985 1599. Même jeton en cuivre. de Cavalcanti n. 5. Beau.

1986 — Retour de la flotte hollandaise du Brésil etc. QVI . NAVIGAT . MARE . NARRANT . PERICVLVM . EIVS. van Loon I éd. fr. 489, éd. holl. 503. de Cavalcanti n. 3. Ae. t.b.c. Rare.

1987 **Le Brésil sous les hollandais.** 1630. Prise de Pernambuco, médaille comme le n. 1389 mais d'une beauté excessive. Ar. gr. 55.5. Extr. rare.

1988 — 1631. Mort de l'amiral Pater. Médaille comme n. 1390 mais en bronze. t.b.c. Rare.

1989 **Bahama. Halfpenny** comme n. 1108. Essai. *Proof.* Ae. Superbe.

1990 **Bermuda.** Penny au buste de George III. Essai. *Proof* avec DROZ F — au cou. Var. de n. 1116. Ae. Superbe.

1991 **Bolivia.** Philippe II. Peso barbare fr. à Potosi avec $\frac{P}{R} - \frac{O}{VIII}$. Comp. F. 9266, manque à Heiss. Ar. b.c.

1992 **Caracas.** 1874. Erection d'un monument en honneur d'Antonio Guzman Blanco. m.m. 50. Etain. f.d.c.

1993 — — Erection d'une Statue équestre à Caracas en honneur de Simon Bolivar. m.m. 50. Etain. f.d.c.

1994 **Colombia. Puerto Cabello** = Porto Bello. ¼ **Real obsidional** sur un flan uniface incuse, au centre $\frac{1}{4}$ à l'entour DEREAL — PUERTO — CABELLO. Ae. b.c. Extr. rare.

1994a **Cuba. Matanzas.** 1629. Médaille sur la prise de la flotte d'argent venant du Mexique, par l'amiral hollandais **Piet Heyn.** INDICA . CLASSE — INTERCEPTA, PAR — TISQ . SINE SANGVINE — OPVLENTISSIMIS SPOLIIS . AD CVBÆ PORTVM etc. van Loon II éd. fr. 171, éd. holl. 173 n. 3. Betts n. 24. (Voir aussi le n. 1067.) Ar. gr. 48. Belle et rare.

1995 **Guatamala.** Cuartino de 1816 et 19. (Voir n. 758.) 2 ps. Ar. t.b.c.

1996 **Mexique.** 1817. Peso avec $\overset{o}{M}$. 8 R . I . J. Ar t.b.c.

1997 — Cuartino de Guanuaxuato de 1862, 10 Centavos de Zacatécas de 1892. 2 ps. Ar. t.b.c.

1998 **Nicaragua.** Real de 1818 (voir n. 838). Ar. t.b.c. troué.

1999 **Perou.** 1756. Peso fr. à Lima, manque à Fonr. Ar. t.b.c.

1999a Médaille au buste de Cl. Grill, directeur de la Compagnie des Indes Suédoises. Rev. APUD MEMORES STAT GRATIA FACTI. Navire Hild 154 n. 3. m.m. 35. Br. F.d.c.

1999b Médaille sur la mort de Grill. Rev. Natus etc. Hild 154 n. 1. m.m. 34. Br. F d.c.

Supplément au Catalogue Bergsöe I. Asie.

Colonies hollandaises dans l'archipel Indien, Java, Indes néerlandaises, Atjeh, Djambi etc.

2000 **Java. Période Hindoue. Djampel** épais. Millies pl. I.19. 4 var. Ar. t.b.c.

2001 — Lot intéressant de **Djampels,** voir Millies pl. I, plusieurs variétés. 38 ps. Ar. t.b.c.

2002 Lot de **Gobogs ou amulettes des temples.** Millies pl. II.26, pl. III.31 (3 var.), pl. V.45, pl. VII.55 et une inédite. Lot intéressant de 7 pièces. Ae.

2003 1740. **Ducaton** fr. à Hoorn, frappé sur le coin de 1739. MON . FOED . BELG . PRO . WESTF . INVSVM SOCIET . IND : ORIENT et la marque du maître de la monnaie Knol. Rev. ❧ sous les armoiries de la république. Rare. Ar. t.b.c.

2004 1750. **Ducaton** fr. à Hoorn avec MON : FOED : BELG : PRO : WESTF : IN USUM SOCIET : IND : ORIENT et coq comme m.m. Extr. rare. Ar. t.b.c.

2005 — 1796. **Roupie de Batavia.** Rare. Ar. t.b.c.

2006 **Java sous Louis Napoléon et Napoléon I.** 1810. Lingot d'un Sou. Rare. Ae. a.b.c.

2007 **Java sous les Anglais.** 1814. Roupie fr. à Soerabaya avec la date 1229. Atkins n. 5. Ar. b.c.

2008 Grand lot de Dutes de divers ateliers et dates depuis 1727 avec ❧, 4 doubles dutes de 1790 et 6 demies dutes, ensemble 70 pièces. Ae.

2009 Lot de dutes et demies dutes fr. pendant la période 1801—6. 11 ps. Ae. t.b.c.

2010 **Indes Neerlandaises.** Lot de Florins, (5) Demi Florins (6) $^1/_4$ Florins (8) Ensemble 19 pièces argent du temps de Guillaume I.

2011 — Lot de $^1/_4$ Florens (10) et de $^1/_{10}$ Florin (23) et $^1/_{20}$ Florin du temps de Guillaume III. 34 ps.

2012 Lot de $2^1/_2$, 1 et $^1/_2$ Cents du même époque. Ae. 17 pièces.

2013 **Indes Neerlandaises** 1820—1840. Grand Lot de Demis Sous, Deux Cents, Cents et $^1/_4$ Sous fr. aux Indes ou à Utrecht, la plupart variée, 24 ps. Ae. t.b.c.

2014 1599. Jeton Expédition de l'Amiral van der Does aux deux Indes. van Loon I éd : holl. 532 n. 2. Dugn n. 3472 variété Ae. Beau.

2015 1603. Jeton. Anniversaire de l'érection de la Vereenigde Oost Indische Compagnie IMPERATOR . MARIS . TERRE . DOMINVS^x. Var : de Dugn. 3561. Ae. Beau.

2016 1616. Jeton. Avantages remportées aux Indes, var : de Bergsöe I no. 76. Dugn. 3722. Ae. Beau.

2017 1889. Médaille en honneur de Mr. N. P. van den Berg, directeur de la Banque neerlandaise, jadis directeur de la Banque de Batavia. Superbe médaille par I et L. Wiener. Br. F.d.c.

2018 **Atjeh. Inayat Shah Zakiatou'ddin. Mass,** var. de Millies n. 140. Or. t b.c.

2019 — Kamalat Shah Zinatou'ddin. **Mas,** Millies n. 141. Or. t.b.c.

2020 — **Alaouddin Shah Djohan Shah. Mass,** variété de Millies pl. XVI n. 144. Or. t.b.c.

2021 **Bandjermassin sous les Anglais.** Dute de 1228—1813. Atkins n. 4. Ae. t b.c. Rare.

2022 Autre dute de 1228 à l'éventail. Atk. n. 1. Netscher & v. d. Chijs. pl. VIII 70. Ae. t.b.c. Rare.

2023 **Djambi.** Demi Sou imitation d'un ¹/₂ Sou de 1820 fr. à Soeraboya. Ae. b.c.

2024 Double Sou du XVIIIme siècle, fr. en imitation d'un double Sou de la Zeelande, avec des caracteres indiennes. Ar. t.b.c.
        Voir la reproduction.

2025 **Indes Neerlandaises.** Lot de ¹/₁₀ Florins (23) de ¹/₂₀ florin (4) et d'un ¹/₄ Florin du temps de Guillaume III fr en Essai sur flan bruni. 28 pièces. Ar. Superbes.

2026 Lot de 2¹/₂ Cents (2) Cents (12) et Half Cents (4) du même époque fr. en Essai sur flan bruni. 18 ps. Ae. Superbes.

2027 Agrafes avec Atjeh 1873—1876 et 1873—1880. Bali 1846. Boni 1859. Borneo 1850—1854, et 1859—1863, Samalangan 1877, avec 7 ps. Nickel coupon de ruban.

2028 **Java.** 1 Doit Java de 1813, ¹/₂ Sou de 1810, 11, 13 et 14, Dute de 1809 et 10 et 7 monnaies de Sumatra 13 pièces. Ae. et 1 en plomb.

2028a Méd. uniface, canon sur son affut, dessus MALEYERS. m.m. 34. Plomb.

Colonies et Possessions des Anglais aux Indes; Monnaies de divers princes natifs et ateliers monétaires des Indes.

2029 **Alwar.** Monnaie de cuivre épaise du Suri dynastie. b.c.

2030 **Ariana antiqua. Indo-Scythes. Huviska.** 110—150. Buste du roi à g. portant sceptre et étendard. ΦΑΡΡΟ le Dieu nimbé deb. tenant sur sa main à dr. une nacelle et de sa gauche son épée. **Statère.** Cunningham pl. XXI.10. Or. Belle.
        Voir la reproduction.

2031 — — Statère. Buste de **Huviska** à g. tenant un *ankus.* Rev. ΟΚΑΝΔΟ ΚΟΜΑΡΟ ΒΙΖΑΓΟ. Deux femmes nimbées debouts tenant sceptre et épée, dans le ch. symbole de Huviska. Cunningham pl. XX n. 16. Or. t.b.c.
        Voir la reproduction.

2032 — — Statère. Buste du roi à portant *ankus* et sceptre. Rev. ΑΡΔΟΧΡΟ (Ardoksho) figure de déesse tournée à dr. tenant une corne d'abondance sur les deux mains, dans le ch. corbeille de fruit. Cunningham pl. XXII.2. Or. Belle.
        Voir la reproduction.

2033 **Samudra Gupta,** vers 350. **Statère.** Le roi deb. casqué et nimbé tenant lance et étendard. Rev. La déesse Lackchmi assise de face. Or. gr. 7.2. t.b.c. *Voir la reproduction.*

2034 **Arkat.** Roupie de 1182 de l'East India Comp. fr. à Madras. Br. Mus n. 113. Ar. t.b.c. ¹/₄ Roupie fr. à Calcutta et ¹/₈ Roupie. Br. Mus no. 117—118 et 123. 7 ps. Ar. t.b.c.

2035 — Fanam d'or fr. à Arkat, au revers convexe.

2036 **Assam. Siva Singha, Roupie d'Or** Octogone de 1637 gr. 11.5 Superbe. Extr. rare.

2037 **Bahawalpur.** Monnaie de cuivre de 1276, palme comme m.m. Ae. b.c.

2038 **Baroda.** Monnaies de cuivre de 1275, m.m. glaive. Comparez. Indian Museum pag. 143 n. 12219 et sans date n. 12220. 2 ps. Ar. t.b.c.

2039 — Monnaie avec boule et la date 27. Indian Mus. n. 12220. Ae. b.c.

2040 **Half Anna** de 1939 $=$ 1882 Indian Mus. p. 143 n. 8216. Quarter Anna de 1940 et 1946 et $^1/_8$ Anna de 1949 $=$ 1892 au même type et $^1/_4$ Anna de 1949 autre type. 5 ps. Ae. t b.c.

2041 — Roupie à l'épée. Rev. lég. perse et la date 1778. Ar. t.b c.

2042 **Benares** Ae. avec Scorpion comme m.m. b.c.

2043 **Bengal.** Lot intéressant de 22 pièces. Madras Mus. pl. IV, 6, pl. XII, 9, pl XIII, 1, 2, 3 et 5, pl. XVI 1 et 2, etc. Ae.

2044 **Bhartpur.** Ae. avec Katar comme m.m. b.c.

2045 **Bophal.** Ae. de 1303. Comp. Indian Mus. pag. 148 n. 12231 et suivants de 1279 et autres dates. 6 ps. Ae. t b.c.

2046 **Bhug.** Monnaies de cuivre de 1872, 82, 83 et deux sans date. Comp. Indien Mus. pag. 150 et 151. 6 ps. Ae. t b.c.

2047 **Bikanir State.** 1895. Quarter Anna et 1894 $^1/_2$ **Pice** au buste couronné de *Victoria Empress.* 2 ps. Ae. F.d.c.

2048 **Bombay.** Lot intéressant de 11 pièces. Madras Mus. pl. I.10, pl. III.9, pl. IV.2, 4, 8, 9 et 10, pl. XV.2 et avec le sigle de la Compagnie de deux côtés. Ae. t.b.c.

2048a — Médaille à la tête de colonel **W. H. Sykes. M. P . F. R. S** par Wyon. Rev. *To commemorate services on behalf of the education social progress and good governement of the people of India founded* 1864. m.m. 51. Br. F.d.c.

2049 **Britsh India.** $^1/_2$ Anna 1862, $^1/_4$ Anna 1862, $^1/_4$ Pice 1894, $^1/_{12}$ Anna 1876, 87, 92 et 98. 6 ps. Ae.

2050 **Brunei.** Alexandre Haare. Cent avec la date 1304. Ae. t.b.c.

2051 **Bundi** (Boondee). Ae. carré. Croix pattée comme m.m. comp. Ind. Mus. n 11919. b.c.

2052 **Calcutta.** $^1/_4$ Roupie de l'East India Comp. avec 5. Comp. Br. Mus. pl. XXXI n. 71. Ar. t.b.c.

2053 **Ceylan. Sous les hollandais.** Sou sans date, variété de Bergsöe I. n. 364. Ae. t.b.c.

2054 — **Demi Sou** s. d. deux variétés de Bergsöe I n. 365 et 366. 2 ps. Ae. t.b.c.

2055 — **Autre demi Sou,** les caractères plus petites Ae. t.b.c.

2056 — $^1/_4$ **Sou,** var. de Bergsöe I nos 367 et 368. Ae. t.b.c.

2057 — **Roupie,** sur une roupie Perse d'Abbas II comme contremarque. Ar. t.b.c. *Voir aussi les nos. 2116 et 2117. —*
De la plus haute rareté. Exemplaire de la collection van Swinderen.

2058 — **Larin** avec légende indienne, var. de Bergsöe I n. 355 et 356. 2 ps. Ar. t.b c.

2059 — Lot intéressant, 2 pièces des princes natifs, $^1/_{24}$ Dollar de 1803, 2, 1 et $^1/_2$ Stiver de 1815, 5 Cents de 1890, Cent de 1892, $^1/_2$ Cent de 1870 et 95 et $^1/_4$ Cent de 1890, Half Farthing de 1828, 43, 44 et 53, $^1/_{192}$ Dollar 1802 et Half Farthing Jubilee model 1887. Ae. 17 ps.

2060 **Dekkan**. Ae. carré b.c.

2061 — Petite monnaie d'or. Cheval à g. dessus le soleil et la lune dans un grénétis. Rev. *El adil* en lég. perse dans un grénétis. gr. 0.8. t.b.c.

2062 **Dewas State J. B.** ¹/₄ et ¹/₈ Anna de 1888 au buste de Victoria Empress. 2 ps. Ae. t.b.c.

2063 **Dewas State S. B.** ¹|₄ et ¹|₁₂ Anna de 1888 pareil. 2 ps. Ae. t.b.c.

2064 **Dhar**, monnaie épaise au Indien portant fanon et flêche. Ae. t.b.c.

2065 **Dhar State** ¹|₄ Anna et ¹|₂ Pice de 1887 au buste de Victoria. Empres 2 ps. Ae. F.d.c.

2066 **Gujarat.** Murad Baksh. Ahmadabad roupie, vraisemblablement de 1868 Comp. Br. Mus. n. 693. Ar. t.b.c.

2067 **Gwalior**, six monnaies de cuivre dont quatre au noeud et avec date. Lot intéressant t b.c.

2068 **Hindoustan.** Akbar. Roupie carrée fr. à Fathpur sans date. Br. Mus. n. 161. Ar. b.c.

2069 Akbar. Roupie carrée fr. à Lahore avec la date (988) 9ʌ8 en margine. Ar. t.b.c.

2070 **Shah Jehan.** Roupie de 1041 fr. à Agrah. Comp. Brith. Mus. n. 581. Ar. t.b.c.

2071 Aureng Zeb. Roupie de 1085 fr. à **Junagarh.** Var. de Br. Mus. n. 752. Ar. t.b.c.

2072 Farrukh Siyar. Roupie de 1126 fr. à Lahore. 2 var. Ar. t.b.c.

2073 Shah Alam. Roupie de 1177 fr. à Akbarabad. Ar. t.b.c.

2074 — Surat. ¹/₂ Roupies, an 3 et 4. Comp Br. Mus. 1163. 4 ps. Ar. t.b.c.

2075 ¹|₄ Roupie, an 48 fr. à Benares. Br. Mus. pl. XXVIII n. 1143. Ar. t.b.c.

2076 **Jaipur.** Six monnaies variées, branches de feuilles, comme m.m. Comp. Indian Mus. n. 8216, y joint une pièce d'Eriepour à l'éléphant. 7 ps. Ae.

2077 **Jalaon.** Deux monnaies épaises au trisul. Ae.

2078 **Jaora.** 1823. Deux monnaies avec H. H. THE NAWAB OF JAORA. Ae. t.b.c.

2079 **Indore.** 1942 et 43. 3 Monnaies au taureau couché. Ae. 2 ps. t.b.c. 1 ps. b.c.

2080 **Jodhpu'r.** Deux monnaies dont une datée 1192 avec hachure. Ae. b.c.

2081 **Judaipur.** Deux monnaies au poignard et la date 1946. Ae. t.b.c.

2082 **Kalpi.** Monnaie avec trisul et tulipe comme marque. Rajputana 2 pièces dont une avec fleur comme m.m. 3 ps. Ae. b.c.

2083 **Lucknow.** Lot intéressant de monnaies en cuivre aux armoiries tenus par deux lions, par deux Sirènes, par deux poissons etc. 9 pièces.

2084 **Madras.** XX, X et V Cash. Madras Mus. pl. III.6, XL Cash pl. XII.4, ¹|₄₈ et ¹|₉₆ Roupie des Circars et une monnaie de Farukhabad, y joint 7 pièces indéterminés dont cinq carrées. Ensemble 15 ps.

2085 **Malaca. Peninsule Malaie** et **Labuan.** 18 ps. Ae. t.b.c.

2086 **Murshidabad.** Two Annas, an 12. Comp. Br. Mus. n. 14. Ar. t.b.c.

2087 **Muscate snd Oman.** ¹|₄ Anna de 1312 de l'**Imam Fessul bin Turkee.** 2 ps. Ae. t.b.c.

2088 **Mysore.** XX Cash de 1226 (avec 6221) à l'éléphant à dr. et XX Cash au lion de 1834. 2 ps. Ae. t.b.c.

2089 **Najebadad. Shah Alum. Roupie** épaise, an 20. Comp. Brit. Mus. n. 1200. Ar. t:b.c.

2090 **Navanagar.** Monnaie. Indian Museum n. 122/1 avec la date 1178 et au Katar avec la date 1928. gravé Ind. Mus. pl. V n. 12243 qu'il faut lire 12272. 3 ps. Ae. t.b.c.

2091 **Negapatnam sous les hollandais.** 15 Cash au buste divin, à g. deux annelets. m.m. 23. Ae. fort rare.

2092 **Nepal.** Lot intéressant de huit monnaies de cuivre, datés variées 5 avec légende dans un carré, 2 légende entourée de fleurs et 1 avec lég. circulaire. t.b.c.

2093 **Paliakate sous les hollandais.** X Cash. $\overset{X}{\forall\!\!\!\!\!\;}$ dans un double cercle.

Rev. légende indienne dans un cercle et un grénétis. Ae. t.b c. Extr. rare.

2094 — V Cash. $\overset{V}{\forall\!\!\!\!\!\;}$ dans un triple cercle, dont celui du milieu est perlé.

2 var. Ae. t.b.c. Rares.

2095 — IIII Cash. $\forall\!\!\!\!\!\;$ surmonté de IIII et de PAL. 3 var. Ae. t.b.c. Rares.

2096 III Cash $\forall\!\!\!\!\!\;$ surmonté de III var. de Bergsöe I n. 454. Ae. t b.c.

2097 II Cash $\forall\!\!\!\!\!\;$ surmonté de II 2 var. Ae. t.b.c.

2098 1 Cash $\forall\!\!\!\!\!\;$ surmonté de P 2 var. Ae. b.c.

2099 **Patna.** Roupie de **Shah Jehan** de 1043. Comp. Br. Mus n. 608. Ae. t.b.c.

2100 **Pula Penang** 10 ps. diverses. Straits sentlements 16, ensemble 26 ps. Ae.

2101 **Radhanpur.** Roupie avec les dates 1870 et 1287. Comp. Ind. Mus. pl. VI n. 11579. Ar. t.b.c.

2102 **Rewah.** Monnaie avec lég. indienne et anglaise barbare. Ae. b.c. Rare

2103 **Rutlan** avec la date 1885 à l'entour RUTLAM. Rev. Armoiries. Monnaie de forme européenne avec écusson au Hanuman. Ae. 2 ps. intéressantes.

2104 **Sarawak.** Lot de Cents et $^1\!/_4$ Cents de James et Charles Brooke. 13 ps. Ae.

2105 **Satara** 3 pièces variées. **Sikkin** 2 pièces imitant les monnais de **Nepal.**

2106 **Shahjehanabad. Roupie** de 1128 de **Farrukh-Siyar.** Ar. t.b.c.

2107 — Roupie de 1127. Br. Mus. n. 891. Ar. t.b.c.

2108 **Surat.** Roupie 46 San (1852). Br. Mus. pl. XXXII n. 87. Ar. t.b.c.

2109 **Tranquebar,** ci-devant Colonie Danoise **Frédéric IV** 1730. **Fano** au monogr. var. de Bergsöe I n. 515. Ar. b.c.

2110 — **Christian VI. Fano** de 1731 CC couronné et le lion de Norvège. Ar. t.b.c.

2111 — **Frédéric V.** 1755 Royalin. Ar. t.b.c.

2112 — **Christian VII.** 1775 2 Royaliner. Ar. t.b.c.

2113 — 1776. 2 Royaliner. Ar. t.b.c.

2114 — 1781. Royalin. Ar. b.c.

2115 **Ujain** de 1211 et **Urcha-Jehari** de 1288. Deux pièces indéterminées au lion sur une épée et une pièce au sanglier dans un cercle. 5 ps. Ae. b.c.

Colonie Portugaise.

2116   **Goa.** Alfonso VI 1642. **Tanga.** Armoiries couronnées du Portugal entre G—A Rev. A posé sur T dessous 1642 dans le ch. D—S. Contre-marqué par les Hollandais à Ceylan de $\overset{C}{\psi\!\phi}$ Ar. t.b.c. Extrêmement rare.

Voir la reproduction.

2117   **Goa Damao.** 1656 ? **San Thomé** d'argent. Le saint tourné à dr. entre S -T à ses pieds 16 56. Sur le droit armoiries couronnées du Portugal entre G—D . Contremarqué par les Hollandais à Ceylan de $\overset{C}{\psi\!\phi}$ Extrêmement rare. Ar. b.c.

2118   **Goa.** Alfonso VI 1670. **San Thomé d'Or** (AL) FONSVS . VI . REX . PO(RTVG .) Ecusson de Portugal couronné entre G – A Rev. San Thomé debout tourné à g. entre 16—70 dans le ch. étoile, à l'entour S * TH — ME . Or. t.b.c.

Pièce Unique provenant de la collection van Swinderen.

Voir la reproduction.

2118*a*   — *Tanga.* Sans date. Ecusson couronné du Portugal. Rev. A posé sur T., à dr. M. Ar. a.b.c. Rare.

2119   **Pedro II** 1681. **Roupie de Goa.** Ecusson couronné entre G—A. Rev. Croix de St. Avis cantonnée de 1—6 8—1. Da Cunha Portugese Coins. pl. IV 20. Ar. b.c. Fort rare.

2120   — 1683. **Roupie de Goa,** la croix cantonnée de 1—6 8—3. Da Cunha pl. IV n. 20. Ar. b.c. Fort rare.

2121   **Joao VI** régent. **Roupie** de 1807 au buste. Ar. b.c.

2122   **Colonie française. Pondichéry.** Médaille au buste d'Euvariste **Parny** aide-de camp du gouverneur en 1785, par Caqué, m.m. **41.** Br. belle.

2123   **Annam.** Période **Gia-long. Thail-Lwong.** Ar. gr. 39 t.b.c.

2124   **Burmah (Birma).** 2 pièces au paon et deux au lion. 4 ps. Ae. b.c.

2125   **Cambodge.** Fouang. 3 variétés, une en argent et deux en billon.

2126   **Chine.** Lot d'Amulettes, époque et module varié. 8 ps. Ae.

2127   **Corée.** Monnaie d'or de 10 Tikals, de forme nacelle rayé au centre. Poids 14.5 gr.   *Voir la reproduction.*

2128   — **Demi Tikal** de forme nacelle, fond rayé, au centre caractère chinoise. Ar. Poids gr. 10.5.

2129   — ¼ **Tikal** pareil, caractère chinoise au centre, et deux divisions de même forme sans caratère. Ar. gr. 125.

2130   — **Amulette** en argent gravé, à trou rond, quatre caractères dans un sautoir, des deux côtés.

2131   — **Amulette** en argent, quatre caractères autour d'une fleur.

2132   **Hongkong.** 1891. **Half Dollar** au buste de Victoria, nouveau type. Ar. Beau.

2133   **Dollar** et **Half Dollar** 1866, 10 Cents (3) 1866, 5 Cents 1870 et 1890. 5 ps. Ar. Mil. de 1866. 3 ps. Ae. f.d.c. Ensemble 9 ps.

2134   **Japon.** Visite de l'ambassade japonaise en Hollande. Fonr. n. 1063 fr. à Utrecht. m.m. 38. Br. Beau.

2135 Lot de monnaies de bronze, 2 Sen (4) 3 variétés, Sen (4) 3 var. 5 Fun, 1|2 et 1 Rin. Ae. 11 ps. belles.

2136 **(Siam) Chang-may.** Pièce de 4 Tikal en argent, coulé creux en forme de coquille. Poids 60 gr., fort curieuse.

2137 **Siam.** Pièce de 10 Tikals de forme sphérique, avec trois contremarques. Pagode, roue rayonnant et tige de fleurs et la date 1232 = 1870. Ar. gr. 151.5. Superbe pièce de la plus haute rareté.
Voir la reproduction.

2138 *Pai, Att* (3) et *Lot* au buste du roi et avec figure assise au revers. 5 ps. Ae. Belles.

2139 Lot de *Pai, Att* et *Lot* au monogr. couronné. 14 ps. Ae. Belles.

2140 Saloung aux trois tours (2 var.), Fouang au buste, 1|2 Fouang en cuivre 3 var. 1|4 Fouang. Ae. et 1|16 Fouang en plomb. Ensemble 8 pièces.

2141 **Turquie.** Méd. au buste de Mohammeth II né à Adrianopel, par Caqué m.m. 41. Br. Belle.

2142 — Grousch de 1106, Piastre de 1187. Demi grousch de 1115 frappés à Constantinople et 14 autres monnaies d'argent de divers atteliers Poids gr. 64.5.

2143 Lot de 11 monnaies. Turquie, Maroc etc. en argent 17.5 gr. et six pièces en cuivre.

2143a — Médaille uniface, dans un cercle croissant avec lég. turque dessus SLAVEN m.m. 34. Plomb t.b.c,

2144 **Caucase.** Alexandre I 1819. Abassi. Ar. t.b.c.

Monnaies et Medailles de l'Afrique.

2145 **Açores.** Luiz I 1865. 20 et 10 Reis. F. 6013 et 14. 2 ps. Ae. t.b.c.

2146 **Alger.** 1541. Expédition de Charles Quint contre Alger. L'empereur couronné implorant Dieu ESTO ♣ MIHI ♣ IN ♣ DEO ♣ PROTECTORE. Rev. Le lion hollandais dans la haie, van Mieris III pag. 47 n. 2. Dugn. 1475. Ae. t.b.c

2147 **Côtes d'or.** 1788. Essai d'un Sixpence. G. R. sous une couronne. Rev. La Britannia assise, dessous 1788. Ar. F.d.c.

2148 — 1710. Essai d'un *Sixpence.* G. R. sous une couronne. Rev. La Britannia assise à dr. 17 . 90. Ar. F.d.c.

2149 Sans date. Essai d'un Sixpence. Grand 6 dans une couronne sur le 6 en lettres incuses. *Six penny — token.* Rev. La Britannia assise sur un canon. Ar. t.b.c.

2149a **St. Helena.** 1602. Superbe médaille, sur la prise du navire espagnol St. Jago par les Hollandais. NON SVFFICIT ORBIS QVO SALTAS INSEQVAR. Le lion hollandais montant des ondes, chasse du globe le cheval espagnol. Betts n. 21. van Loon I éd. fr. 548, éd. holl. 561. Madai 4684. Fonr. 6122. Ar. gr. 45.5.

2150 **South Africa.** Médaille du campagne de 1879. Buste de Victoria à g. Rev. Lion à g., sur l'agrafe 1879 Ar. t.b.c.

2151 **Deutsch Ost Africa.** 1892. Roupie au buste en uniforme de l'Empereur. Ar. t.b.c.

2152 **Egypte.** Rebja de 1293. Ar. t.b.c.

2153 **Liberia.** 1863. **Quarter Dollar,** type américain. F. 1868. Essai en cuivre argenté. Belle.

2154 **Oran.** 1563. Jeton. Délivrance d'Oran, au buste de Philippe II. ORANA . TVRCARV . OBSIDIONE . LIBERATA . ✿ . Comp. van Loon éd. holl. 66 n. 1 et Dugn. 2339. Ae. t.b.c.

2155 — — Jeton, légèrement varié. Comp. Dugn. 2340. Ae. t.b.c.

2156 — 1564. Jeton. Lèvée du siège d'Oran. Buste de Philippe II à g., var. de Dugn. 2387. Ae. t.b.c.

2157 — — Jeton, même sujet. Buste de Philippe II à dr. Dugn. 2388. Ae. Beau.

2158 **Pretoria.** Fêtes de l'inauguration du chemin de fer Juillet 1895 au buste de Kruger. Rev. SPOORWEG FEESTEN * PRETORIA *, dans le ch. JULI 1895. Fort rare. Ar. Beau.

2159 **Transvaal.** ½ Pond au buste de Kruger. Or. Beau.

2159a — 1874. **Halve Kroon** au buste de **Thomas François Burgers** fr. en essai, dessous 1874. Rev. Armoiries. **Zuid Afrikaansche Republiek.** tranche strié. Ar. gr. 14 fr. sur flan bruni. Extr. rare.

Australie.

2160 **Three-pence.** *Remembrance of Australia* plante de gummi entre un Kangaroe et un Emu. Rev. *Hogarth & Erichsen Sydney* grand **3** dessous 1860. Atkins n. 41. Ar. t.b.c. Rare.

2161 **Three pence** inédit, même droit. Rev. Indien nu courant à dr. *Hogarth Erichsen* à l'exergue 1860. Extr. rare. Ar. t.b.c.

2162 **South Australia. Adelaide** Penny de *Crocker & Hamilton, Harold Brothers, John Howell* (3), *John Martin, Martin & Sach* (2 dont un troué) *William Morgan & Alfred Taylor.* **Halfpenny** *Crocker and Hamilton.* Stainsfield 20, 22, 23 (2 var.) 24, 25, 26, 27, 21, 21. 11 pièces. Ae.

2163 — **Adelaide.** Token de Fourpence *Hindmarsch Hotel* pirie st. Stainsfield 28a. Ae. t.b.c.

2164 **Western Australia. Freemantle** Penny de *Alfred Dairés* (au Cygne) *John Henderson* sans date et le même 2 variétés de 1874. Stainsfield 61, 61A et 61B. 4 ps. Ae. t.b.c.

2165 **New South Wales.** Penny sans nom. Stainsfield no. 247. 5 ps. var. Ae. t.b.c.

2166 — **Bathurst** Penny *Collins & Co.* **Morpett** James Campbell. Penny et Halfpenny Stainsf. 38. 194 et 195. 3 ps. Ae. t.b.c.

2167 — **Sydney.** *Bassle & Weight, Flavelle Bros & Co. Hanks and Comp. Hanks and Lloyd, Iredale & Co.* Stainsf. 215. 16, 18, 20, 22 (2 var.) 23, 26, 27 (2 var.) 228 (2 var.) 229 (2 var.) 14 ps Ae.

2168 — **Sydney.** Penny de *J. M. Leigh, J. Macgregor, Metcalfe & Lloyd, J. B. Palmer, Smith, Peak & Co., Tea Stores.* Stainsf. 230, 31, 33, 35, 36 (3 var.), 38, 40, 41. 10 pièces. Ae. t.b.c.

2169 — **Penny.** *J. C. Thornwaite, A. Toogood, Weight and Johnson, Whitty & Brown, Peace and Plenty.* N. 242, 244 (2 var.), 245, 247 (3), 248 (2).

2170 — Halfpenny de *Hanks and Compy. Hanks and Lloyd, J. Macgregor, Metcalfe & Lloyd, Smith, Peate & Co., Tea Stores.* N. 219, 21, 24, 25, 32, 34, 37 (3 var.), 39 (3). 12 pièces Ae.

2171 — Halfpenny de *J. C. Thorntwaite, Weight & Johnson.* N. 243, 246 (3). 4 ps. Ae.

2172 Wollongong. *N. F. & D. L. Lloyd.* Penny et Halfpenny. Wagga-Wagga. *Love & Roberts.* Penny (2 var.) Goulborn. *Davies Alexander & Co.* (3 var.) Stainsf. 258, 59, 252 et 66. 7 ps. Ae.

2173 **Victoria.** Mebourne. Penny de *John Andrew & Co., Jno Andrew & Co.* (2 var.), *J. Booth, A. Davidson, Edwd. de Carle, E. de Carle & Co.* (2), *S. Deeble* (4), *Evans & Forster, Fenwick Brothers* (2). Stainsf. n. 106, 8, 9, 10, 13, 14, 15, 16, 17, 20, 22.

2174 **Melbourne.** Penny de *Hide & Carle* (11) **A.** g. *Hodgson* (2) *J. Hosie* (2) Stainsf. n. 124, 26, 28, 29, 31, 34 et 35.

2175 — Penny de *Robert Hyde & Co.* (5) *S. & S. Lazarus, Levy Brothers, J. Mcfarlane, Miller Brothers* (2) *Miller & Dismoor, Mourbay Lush & Co. George Nichols.* N. 139, 141, 143, 44, 45, 46, 49, 50, 51 et 52.

2176 — Penny de *James Nokes, Hugh Peck,* (2) *Geo Petty, Peace & Plenty* (3) *Robison Bros & Co.* (3) *G & W. W Doeke. Annand Smith & Co.* (2) *Thomas Stokes* (2) et Penny inédit au buste de chef Maori avec **Stokes & Martin.** Stainsf. n. 155–59, 161—65.

2177 — Penny de *T. Stokes.* 22 pièces. Ae. N. 167, 169—172, 175—184.

2178 — Penny *T. Warburton* (3) *Warnock Bros* (2) Halfpenny de *Adamson, Watts, Mc. Kechnie & Co., John. Andrew & Co., Ino Andrew & Co. J. Booth, Crombie Clapperton & Findlay.* Stainsf. n. 187, 189, 190, 192, 193, 105, 107, 109, 111.

2179 — Halfpenny *Hide & de Carle* (6) **A. G.** *Hodgson. J. Hosie, Robert Hy & Co.* (3) *James Nokes* (2) *T. Stokes, T. W. Thomes & Co., W. J. Taylor.* Staenf. 125, 127, 130, 132, 138, 140, 142, 153, 154, 168 184 et n. 105.

2180 **Victoria.** Castlemaine. Penny de *T. Butterworth & Co.* (3), *R. Calder, W. Froomes, Murray and Christie* (2), *G. Ryland.* Eagle Hawk. *R. Greeve, J. W. & G. Williams.* Stainsf. n. 50, 51, 52, 54, 55, 56, 57, 59 et 60.

2181 — Ballarat. Penny de *J. R. Grundy* (3), *David Jones, Southward & Sumpton, J. Taylor* (3), *W. R. Watson & Co.* (2), Port Albert. *Gipps Land.* Stainsf. n. 29, 30, 31, 32, 33, 45, 36, 39, n. 198, 199.

2182 — Geelong. Penny de *R. Parker* (6), Richmond. *Barrowclough, R. B. Ridler,* South Yarra. Penny (2) et Halfpenny de *Thos. H. Cope.* Stawell. Penny et Halfpenny inédits de *Crothers & Co.* Mainstr. Warnambool. Penny de *William Bateman Junr. & Co.* et *W. W Jamieson & Co.* Sandridge. *Sugar Companies.* Penny. Stainsf. n. 62, 63, 64, 65, 201, 2, 3, 13, 14, 53, 54 et 212.

2183 **Queensland.** Brisbane Penny de *Brookes,* (2) *W. & B. Brookes, Larcombe & Comp. J. Sawyer, Stewart & Hemmant* (3) Rockhampton. *D. T. Mulligan* Penny et Halfpenny. Stainsf. n. 40, 41, 42, 44, 46, 47 206 et 207.

2184 — Ipswich, Penny de *T. H. Jones & Co.* (2) *John Pettigrew & Co.* Penny et Halfpenny. Towoomba Penny *T. F. Merry en Co.* Queensland *Merry & Bush.* Stainsf. n. 97, 98, 99 et n. 250.

2185 **Tasmania.** Hobart Town. Penny et Halfpenny de *Lewis Abrahams.* Penny de *J. G. Fleming, J. Friedman* (2) *O. H. Hedberg.* Penny et

Halfpenny (4) *R. Henry, G. Hutton, William Andrew Jarvey.* Stainsf. n. 67, 73, 78—82.

2186 — **Hobart Town.** Penny *H. Lipscombe,* (2) *H. J. Marsh en Brother.* **Penny** (3) et **Halfpenny,** *B. Andrew Mather* (4), *Joseph Moir.* Stainsf. n. 83—88.

2187 — *Alfred Nicholas.* Penny (2) et **Halfpenny.** *R. S. Waterhouse.* Penny et **Halfpenny** (2). *W. D. Wood.* Penny (2) et **Halfpenny.** Stainsf. 90—96.

2188 **Tasmania.** Launceston. Penny et **Halfpenny.** *E. F. Dease.* Deloraine. Penny. *Samuel Henry.* Westbury. Penny. *Thomas White* (2). New Town. Penny et **Halfpenny.** *R. Josephs.* Campbel Town. **Penny** *Joseph Brickhill.* Stainsf. 101, 102, 58, 255, 257, 196, 197 et n. 49.

2189 **New Zealand.** Auckland. *H. Ashton.* 4 **Penny's** et 2 **Halfps.** *Auckland Licensed Victuallers association* 3 **Pennys.** Penny de *Charles C. Barley, S. Coombes* (3), *T. S. Forsaith.* **Penny** et **Halfpenny** *B. Gittos, Archibald Clarck.* Stainsf. n. 268—278.

2190 — **Auckland.** Penny. *R. Gratten. Holland & Buller. Morris Marks, Morrin & Co.* (3), *S. Hague Smith* (5), *Sommerville* (5), *United Service Hôtel* (2). Stainsf 279—286.

2191 — **Christchurch.** Penny de *G. L. Beath & Co.* (4), *J. Caro & Co.* (2), *S. Clarkson* (4), *Gaisford & Edmonds, T. W. Gourlay & Co., Henry J. Hall* **Halfpenny.** Stainsf. n. 287—289, 291.

2192 — — *H. J Hall* 5 **Penny's** et 5 **Halfps,** *Hobday & Jorbens* 2 **Penny's.** *Milner & Thomson* Penny au chef Maori et 3 au Indien debout, *W. Petersen* Penny, *William Pratt* (2), *Edward Reece* 3 **Penny's** et 1 **Halfp.** *Union Bakery* Penny. Stainsf. 292, 93, 295—301.

2193 **Wanganui.** *J. Hurley & Co.* Penny et **Halfpenny.** Nelson. Penny de *J. M. Merrington & Co.* Grahamstown *George Mc. Caul,* **New Plymouth** *John. Gilmour.* Penny. **Taranaki** *Brown and Duthie,* Penny. **Timaru** *Clarcksonand Turnbull* Penny. Wellington Penny de *D. Anderson,* Penny et Halfpenny de *Kerkcaldie & Stains.* Stainsf. 313—14, 309, 307, 310—312, 315, 317, 317a.

2194 Wellington Penny (3) et **Halfpenny** de *Lipman Levy,* **Halfpenny** de *J. W. Mears.* Penny et **Halfp.** de *James Wallace.* **Dunedin.** Penny de *Day & Mieville, E. de Carle & Co. Jones & Williamson.* **Penny** et **Halfp.** de *Perkens & Co.* et Penny de *A. S. Wilson.* Stainsf. 318—321, 324—325, 302—306.

2195 **New-Zealand,** variés. *Mason Struthers & Co. Advance New-Zealand* au Chef Maori, *Alliance tea Company* 3 ps. Ae. t.b.c.

2196 **Australie** douteux. Penny avec ASNO. *Achilles King Manager.* B. C. F. B. **New Southwales One Penny,** *Advance Australia* (2) *Peace & Plenty, Professor Holloway.* Penny et **Halfp.** (3)

2197 Pièces contremarquées avec *Wilson engraver 390 Pilts, F. Cade, T. Thomas agent Geelong* (2) R FERGUSON, KUKCHFO, H . LONDON.

VARIA.

2198 **Sarawak.** J. Brooke et C. Brooke. 6 Cents, 2 Half et 2 Quart Cents. **Brunei** 1 Cent 11 pièces Ae.

2199 Grand Lot de monnaies de cuivre contremarquées, la plupart aux Indes occidentales. 26 pièces. Lot fort intéressant.

2200 Monnaies d'argent contremarquées. 6 pièces. Lot intéressant.

2201 Grand Lot de monnaies chinoises des Dynasties Han, Soung, Soui, Tchin, Tang, Kin, Chia, Soung II, toutes avec des étiquettes avec les nos. des planches de Chaudoir. 38 pièces. Ae.

2202 Grand Lot pareil des Dynasties des Ming ainsi de Corée, de Cochin-Chine et du Japon, toutes avec les nos. des planches de Chaudoir. 37 ps. Ae. et une en fer.

2203 Grand Lot pareil de 40 pièces, dont deux en fer.

2204 Grand Lot pareil avec des étiquettes avec des Numéros de Fonrobert, de Neumann et autres. 52 pièces dont trois en fer.

2205 Grand Lot pareil. 51 pièces.

2206 Grand Lot pareil sans étiquettes, 169 en Ae, 18 en plomb et 10 en fer. Ensemble 197 ps. Lot fort intéressant.

2207 Lot d'Esen ou Amulettes chinoises et japonnaises dont une portative. 21 pièces. Lot intéressant.

2208 Lot intéressant de monnaies d'argent au navire, de la République Batave pour les Indes de la Compagnie des Indes avec ℣. 25 pièces. 121 gr.

2209 **Cuba et Portorico.** Lot de monnaies espagnoles contremarquées. 10 pièces. Ae.

2210 Lot de monnaies d'argent de l'East India Company, Straits Settlements, Cambodge, Dollar contremarqué en Chine etc. 20 pièces. Ar. gr. 130.

2211 Lot de monnaies de cuivre de l'East India Company, Suriname etc. 20 pièces. Ae.

2212 Lot de cents particuliers américains etc. 10 ps. Ae.

Livres numismatiques et historiques.

2213 **Donghewalueerde Gouden ende Silveren Munte** van diueersche Coninckrycken, Hertoochdommen, Graafschappen etc. 't Antwerpen by *Christoffel Plantijn en de by Guillaem van Parijs.* 1575. Bon exemplaire de ce livre aux portraits de Philippe II et d'Anne d'Autriche sur le titre et de nombreuses figures en bois dans le texte, *petit in 8o.* Rare.

2214 **Beeldenaer ofte Figuerboeck** dienende op de nieuwe Ordonnantie van der Munte gearresteert ... 26 Sept. 1615. 's Gravenhaghe, Hillebrant Jacobszn. 1615. Avec figures. 4o.

2215 **Ordonnancie ende Instructie** naer de welcke voortaen hen moeten

reguleren die gesworen Wisselaers ofte Collecteurs vande Goude ende
silvere penningen, wesende verboden, gheschroyt, te licht oft te seer
versleten, 't Antwerpen, *Hier. Verdussen.* 1633. *Avec figures en bois.*
(*Peperkoek.*) fol. vélin.

2216 **Lot Intéressant de Placcards,** d'evalvations et d'instructions monétaires.
Anvers 1599. 2 var. La Haye 1602, 03, 08. 09, 10, 19, 22, 34, 38 et **45**.

2217 **Lot intéressant** pareil La Haye de 1586. du comte Leycestre, comme
Gouverneur de Pays-Bas, et de 1603, 06, 15, 21, 26, 38 et 41.

2218 **Renovatie** van 't Placcaet van de Munte van den 21 July 1622.
's Gravenhaghe 1626 et Beeldenaer ofte figuerboeck du mémo année,
avec grand mombre de figures de monnaies.

2219 **George Agricola.** De mensuris et ponderibus Romanorum et graecorum
etc. Basilae 1550 in fol.

2220 **Antoni Augustini.** Eipsc. Ilerdensis Familiae Romanae. Romae Heredie
Francisci Tramezini 1577. fol. vel.

2221 **Akerman.** Roman Coins. London 1834. 2 vol. av. pl. 8o.

2222 **M. Beelloch.** Mexico in 1823 ot beschryving eener reis door Nieuw-
Spanje. Delft 1825. 2 tom. en 1 vol. 8o.

2223 **L. C. Bleibtreu.** Handbuch der Münz. Maass und Gewichstkunde.
Stuttgart 1863. gr. in 8o.

2224 **Bruzen la Martinière.** Le grand Dictionnaire géographique. 1726 –39.
10 vol. grand in fol. veau. Bel. Exempl.

2225 **F. C. Butkens** les trophées du Brabant avec le supplement 4 vol. in
fol. dos veau. La Haye 1724 – 26. Avec grand nombre d'armoiries et
portraits. Rare.

2226 **D. Celestino Cavedoni.** Repostigli antichi di medagli consolari et
Modena 1859 in 8o.

2227 **R. Chalon,** Recherches sur les Monnaies des Comtes de Hainaut.
Bruxelles, 1848. *Avec les Supplements* 2 et 3. 1852—57), *et planches*
broché.

2228 **Chanler.** Nieuw Keysers Chronica. Amsterd. 1617.

2229 **J. Charvet.** Origines du pouvoir temporel des papes, precisées par la
Numismatique. Paris 1865.

2230 **P. O. van der Chys.** De Munten der voormalige Hertogdommen Brabant
en Limburg. Haarlem 1851. *Avec planches.* 4o. Epuisé et fort rare.

2231 — De Munten der voormalige Graven en Hertogen van Gelderland.
Haarlem 1852. *Avec planches.* 4o. Epuisé.

2232 — De Munten der voormalige Heeren en Steden van Gelderland.
Haarlem 1853. *Avec planches.* 4o. Epuisé.

2233 — De Munten der voormalige Heeren en Steden van Overijssel.
Haarlem 1853. *Avec planches.* 4o. Epuisé.

2234 — De Munten van Friesland, Groningen en Drenthe (Heeren van
Koevorden). Haarlem 1855. *Avec planches.* 4o.

2235 — De Munten der voormalige Graafschappen Holland en Zeeland
alsmede der Heerlijkheden Vianen, Asperen en Heukelom. Haarlem
1858. *Avec planches.* 4o.

2236 — De Munten der Bisschoppen, der Heerlijkheden en der Stadt Utrecht.
Haarlem 1859. *Avec planches.* 4⁰.

2237 De Munten der Leenen van de voormalige Hertogdommen. Braband
en Limburg. Haarlem 1862. *Avec planches.* 4o. Epuisé. Fort rare.

2238 — De munten der Frankische en Duitsch Nederlandsche vorsten. Haarlem 1866. *Avec planches*. 4o Epuisé et fort rare.
   Ces 9 volumes formant ensemble l'ouvrage bien récherche et estimé du professeur P. O. van der Chys, seront vendues premièrement séparément et après combinées.

2239 — Tijdschrift voor Algemeene Munt- en Penningkunde. 1 vol. 8 tomes.

2240 **Fred. R. Coles.** A record of the cup and ringmarkings in the Stewartry of Kirkcudbreigt. av. gravur.

2241 **De Coster et Everaerts.** Atlas contenant toutes les monnaies du Brabant 1000—1506. Bruxelles 1888. 4o.

2242 **V. Delves-Broughton.** Melbourne Branch of her Majestys Mint. Melbourne 1880.

2243 **A. Dewismes.** Numismatique artésienne Catalogue raisonné des Monnaies du Comté d'Artois. St. Omer 1866. *Avec planches.* 8o.

2244 **Mr. I. Dirks.** Beschrijving der Nederlandsche of op Nederlanders betrekking hebbende Penningen, geslagen tussehen Nov. 1813 en Nov. 1863. 1889—1894. Vervolgd door den Heer Th. M. Roest. 3 vol. in 8o avec 5 Atlas de planches.

2245 — De Noord-Nederlandsche Gildepenningen, wetenschappelijk beschreven en afgebeeld. Haarlem 1878—79. 2 vol et 1 Atlas de planches. Rare.
   Les méreaux des corporations Néerlandaises décrits et figurés. Mémoire couronnée.

2246 **J. P. J. Dubois.** Vies des Gouverneurs généraux hollandais aux Indes Orientales (avec portraits). Lo Haye 1763 in 4o. veau.

2247 **A. Du Chalais.** Restitution à la Mauritanie de deux médailles d'Auguste et d'Agrippa. Bronze.

2248 **J. F. Dugniolle.** Le jeton historique des dix-sept Provinces. Bruxelles, 4 vol. *Avec planches.* 8o. velin, Épuisé.

2249 **J. Ede.** A view of tho Gold and Silver coins of all nations. London vers 1810, pet. in 4o.
   Rare. Contient 400 figures de monnaies de l'époque, de Hollande, des Indes, de l'Amérique etc.

2250 **England.** Silver coins and coinage of England from the Norman conquest to the present time, printed for T. Snelling. 1762.

2251 **P. P. Finauer.** Bayerische Münzbelustigung, darinnen Schaustücke, Ducaten etc. zu finden. München und Nurnberg. 1768.

2252 **V. Gaillard.** Recherches sur les Monnaies des comtes de Flandre. Gand 1852—57. *Avec planches.* 8o.

2253 **Gallerie.** Sämmtlicher Europäischen und Ausser Europäischen Münzen in Ihrer wircklicher Grösse nebst genauer Angabe ihrer Werthes. Leipzig 1852—54. 30 livraisons, avec figures de monnaies, imprimées on or, en argent et en cuivre. pet. in 8o. Rare.

2254 **M. R. B. Gerhardt.** Portugiesiche und Spanische Münzverfassung. Berlin 1794. *Avec 10 planches.* 4o.
   Monnaies anciennes do Portugal, de Brésil et d'Espagne.

2255 **Ghesquiere.** Mémoire sur treis points intéressants de l'histoire monétaire des Pays-Bas. Bruxelles 1786. *Avec 5 planches.* dos cuir de Russie. 8o.
   Monnaies belges avant l'année 1450.

2256 **James Gibbs.** Gold and Silver coins of the Bahmani Dynasty. Lond. 1881.

2257 **J. Goeree.** Historische gedenkpenningen van Lodewijk XIV. Amst. 1712. veau. 8o.

2258 **Z. Goetze.** De Numis Dissertationis. Würtemberg. 1716. 8o.

2259   Hubertns Goltzius. Ludovico Nonni commentarius in numismata imp. Juli, Augusti et Tibere. Antverpia 1620. fol. dos veau.

2260   Guioth. Histoire numismatique de la révolution belge depuis 1830. Hasselt 1844. 2 vol. avec atlas de planchss. fol.

2261   — Histoire numismatique de la Belgique faisant suite à l'histoire numismatique de la révolution belge. Hasselt et Brux. 1851, 69. 2 vol. fol. *Sans les planches.*

2262   J. Hager, Description des Médailles chinoises du Cabinet Impérial de France. Précédée d'un essai de numismatique chinoise. Paris 1805. *Avec figures.* gr. in-4o.

2263   G. E. Hamm, Moneta Ubio Agrippenses. Colonia Typis Christiani Rommerskirchen pet. in 8o. rel.

2264   P. Chrysostomi Hanthaler, Exercitationes faciles de Numis Veterum. Nuremberg 1736 4o.

2265   E. J. van Heeckeren van Brandsenburg. Beschrijving en afbeeldingen van Nederl. Gedenkpenningen. 1815—1838. 4o. avec planches.

2266   S. Havercamp, Médailles du Cabinet de la Reine Christine, frappées et expliquées. La Haye, 1742. *Avec grand nombre de planches.* Très-bel exemplaire.

2267   Fr. Heusinger. Versuch einer Abhandl. v. d. Nutzen d. Teutschen Münzwissenschaft mittler zeiten. Nürnberg 1750. Mit Tafeln. 8o. (bis).

2268   Histoire abrégée des Provinces Unies des Pays-Bas, avec gravures de médailles, petit in-fol. veau. y ajouté Supplément à l'Histoire, métallique de la République de Hollande. A'dam 1690. 8o. demi veau.

2269   Martinus & Joan George Holtzhey. Catalogus der Medailles vervaar-digd door de Medailleurs. — Amsterd. 1755. 4o broch.

2270   Indian Numismatic. Vincent A. Smith Ancient and Mediaeval India Nov. 1897 avec pl. no. XXXVIII, April 1898 pl. no. XIV. Ch. I. Rodgers. Pathan Kings of Delhi. May 1896 pl. III, IV.

2271   Jobert. Aloude en Heudendaagsch Penningkunde. Leiden 1728 8o.

2272   J. Keller. Die Bambergische Münzen. 1839. 8o.

2273   J. F. Klotzsch. Versuch einer Chur Sachsischen Münzgeschichte. Chemnitz 1779. 8o.

2274   Baron de Köhne. Köhne's Zeitschrift für Munz-, Siegel- und Wappenkunde. Berlin 1841—1846. (6 vol.)

2275   — Mémoires de la Société d'archéologie et de Numismatique de St. Petersbourg, comme suite de l'ouvrage précédent St. Petersbourg et Berlin 1847—1852. (6 vol.)

2276   — Berliner Blätter für Munz-, Siegel- und Wappenkunde, comme suite aux deux Séries précédents. Berlin 1863—68. (4 vol.) Série fort rare et bien recherchée.

2277   C. Landi. Selectiorum numismatum romanorum expositiones. Lugd. Bat., 1695. *Avec figures.* vél. 4o.

2278   Stephan Martin Leake. An Historical account of English Money. 2me édition, Lond. 1745. in 8o. veau.

2279   H. Leslie Ellis. British Copper Tokens of the Straits Settlements and Malyan Archipelago. Lond. 1895.

2280   Ch. S. Liebe. Gotha numaria. Amstelodami 1730. fol. Bel exempl. en velin aux armoiries d'Amsterdam.

2281   Gérard van Loon. Histoire métallique des XVII provinces des Pays-Bas. 5 vol. en fol. La Haye 1735—37. Nombreuses et belles gravures (Edition française. Rare. Demi veau.

2282 — Beschrijving van Nederlandsche Historiepenningen ten vervolge op het werk van G. van Loon. Uitgegeven d.d. 2e klasse v. h. Instituut. Amst. 1821—69. 10 volumes. *Avec planches.* carton, non-rogné. fol.
Complément à l'ouvrage de van Loon : description des médailles frappées de 1716 jusqu'en 1806. La suite complète est fort rare. Par une erreur on n'a tiré de la 5e partie qu'un nombre très-restreint, ce qui rend cette partie presque introuvable.

2283 — Hedendaagsche penningkunde. 's Grav. 1732 avec beaucoup de figures de médailles. fol. veau.

2284 — Même ouvrage. Bel exemplaire.

2285 — Aloude Hollandsche Historie, opgehelderd met Keyzer- en Koninglyke penningen. 's Grav. 1734. 2 vol. fol. veau.

2286 — Inleiding tot de hedendaagsche Penningkunde. Amst. 1717 en Beknopte verhandeling van de week- en jaarmarkten in Holland. 8o. veau.

2287 **Marsden Numismata Orientalia.** London 1874—77. in 4o contenant :
Edward Thomas. Ancient Indian Weights.
Stanley Lane Poole, coins of Urtuki Turkomans.
Braclay V. Head. The coinage of Lydia and Persia.
Edward Thomas Rogers. The coins of the Tuluni Dynasty.
Percy Gardner. The Parthian coinage.
T. W. Rys Davis. On the ancient coins and measures of Ceylon.

2288 **C. F. Menestrier.** Histoire du roy Louis le Grand par les médailles. Paris 1691 in fol.

2289 **F. van Mieris.** Historie der Nederlandsche vorsten, met meer dan 1000 historiepenningen opgehelderd. 's Grav. 1733. 3 vol. in fol. *Ouvrage recherché.*

2290 — Même ouvrage, bien conservé.

2291 — Beschryving der bisschoppelyke munten van Utrecht. Leiden 1726. *Avec planches.*

2292 **H. C. Millies.** Recherches sur les Monnaies des Indigènes de l'Archipel Indien et de la Péninsule Malaie. La Haye 1871. Avec 26 planches 4o.

2293 **L. Minard van Hoorebeke.** Description de méreaux et jetons de présence des gildes et corps de métiers, églises etc. Texte en flamand et en français. Gand 1877—79. 3 part. en 2 vol. Avec de nombreuses figures.

2294 **M. T. C. F. N. Comte Nahuys.** Histoire numismatique du royaume de Hollande sous le règne de S. M. Louis Napoléon. Amsterd. 1858. 4o.

2295 **Francisco Neumann.** Populorum et Regum Numi veteres inediti. Vindobonae 1779. in 4o dos vel.

2296 **Johan Neuhofs.** Gedenkweerdige Braziliaansche Zee- en Landreize. Amst. 1682. Fol. avec pl. typogr., botan, ichtyol. et zoolog. du Brésil et des Indes Orientales.

2297 **G. van Orden.** Handleiding voor Verzamelaars van Nederlandsche Historiepenningen. 2 vol. 8o.

2298 — Bijdragen tot de Penningkunde der Nederlanden. Zaandam 1830. Avec atlas de planches. 8o.

2299 **J. Oudaan.** Roomsche Moogentheid. Gouda 1706. Avec beaucoup de figures de médailles. fol.

2300 Même ouvrage en 4o. Leiden 1723.

2301 **A. Pegoux.** Essai sur les monnaies des Arverni. Clermont 1857. 8o. broch.

2302 **Ph. Parutae et L. Augustinii.** Sicilia numismatica. Leiden 1723. 3 part. en 2 vol. Avec planches et cartes. fol. Bel exemplaire.

13

Rectifications.

N.   4 lisez : marques de 100, 85, 70, 10, 5 et 1 Ore.
  5 „   marques de 100, 10, 5 et 1 Ore.
  34 „ Cent de 1864 au lieu de Cent et Halfcent de 1861.
  42 „ Starr & Strannon.
  156 „ × NOVA au lieu de M × NOVA.
  265 „ 3 pièces.
  272 „ 1832. Half Dollar etc. 3 pièces.
  276 „ Half et quarter Dollar, Dime et Halfdime.
  277 „ ensemble 8 pièces.
  290 biffez : (2 var.)
  330 lisez : 6 pièces.
  332 „ 10 „
  382 „ ensemble 5 pièces.
  384 „ & a Sister.
  388 „ Divide we fall.
  389 „ 3 pièces.
  398 „ 10 „
  403 ajoutez Lott & Warner et lisez M. D. Stevers.
  407 lisez : 10 pièces.
  408 „ 9 „
  412 „ 16 „
  413 „ S. Mier & Co.
  414 „ Baughman & Bro et J. A. Hinshaid
  437 „ 1 Dollar, 50, 25 et 10 Cents de Reinhardt & Son. Ensemble 7 pièces.
  440 „ D. L. Wing & Co. 4 var. Ensemble 12 pièces.
  449 „ Ensemble 19 pièces.
  462 „ 4 pièces.

N.465 lisez : 15 pièces.
  535 „ Ferdinand VI.
  559 „ 1790. Peseta etc.
  586 „ Argent.
  612 „ Argent.
  613 „ 1842.
  631 „ 10 Centavos.
  711 „ 1864.
  861 „ accosté de 2 tours.
  930 „ 3 pièces.
  956 „ XX, X et II Skilling de 1816 et II Skilling de 1837. Ar. 4 pièces.
  999 „ 5 et 3 Cents même type. 2 pièces.
  1200 „ 5 pièces.
  1234 „ 2 Reales obsidional (3 var) etc. Ensemble 4 pièces.
  1241 „ Atanasio.
  1255 „ Argent.
  1339 „ **Cuadra.**
  1339d „ **Merlano.**
  1361 „ Même pièce, comme le n. 1359
  1417 „ frappé à Campen.
  1506 „ XX et X Reis.
  1513 „ XL. XX et X Reis.
  1599 „ faz a prosperidade.
  1630 „ 1821.
  1684 „ Medio Sol, $^1/_4$ Sol.
  1750 „ 1760, 1765 et 1772.
  1784 „ les deux Sueldo's troués.
  1913 „ 9 pièces.
  1955 „ $^1/_{12}$ Real.
  1976 „ 27 m.m.
  2046 „ **Bhuig** au lieu de Bhug.
  2049 „ 9 pièces.

No. 134.

No. 1.

No. 279.

No. 114.

No. 691.

No. 580.

No. 158.

No. 733.

No. 537.

No. 575.

No. 541.

No. 576.

No. 734.

No. 577.

No. 657.

No. 581.

No. 515.

No. 650.

No. 570.

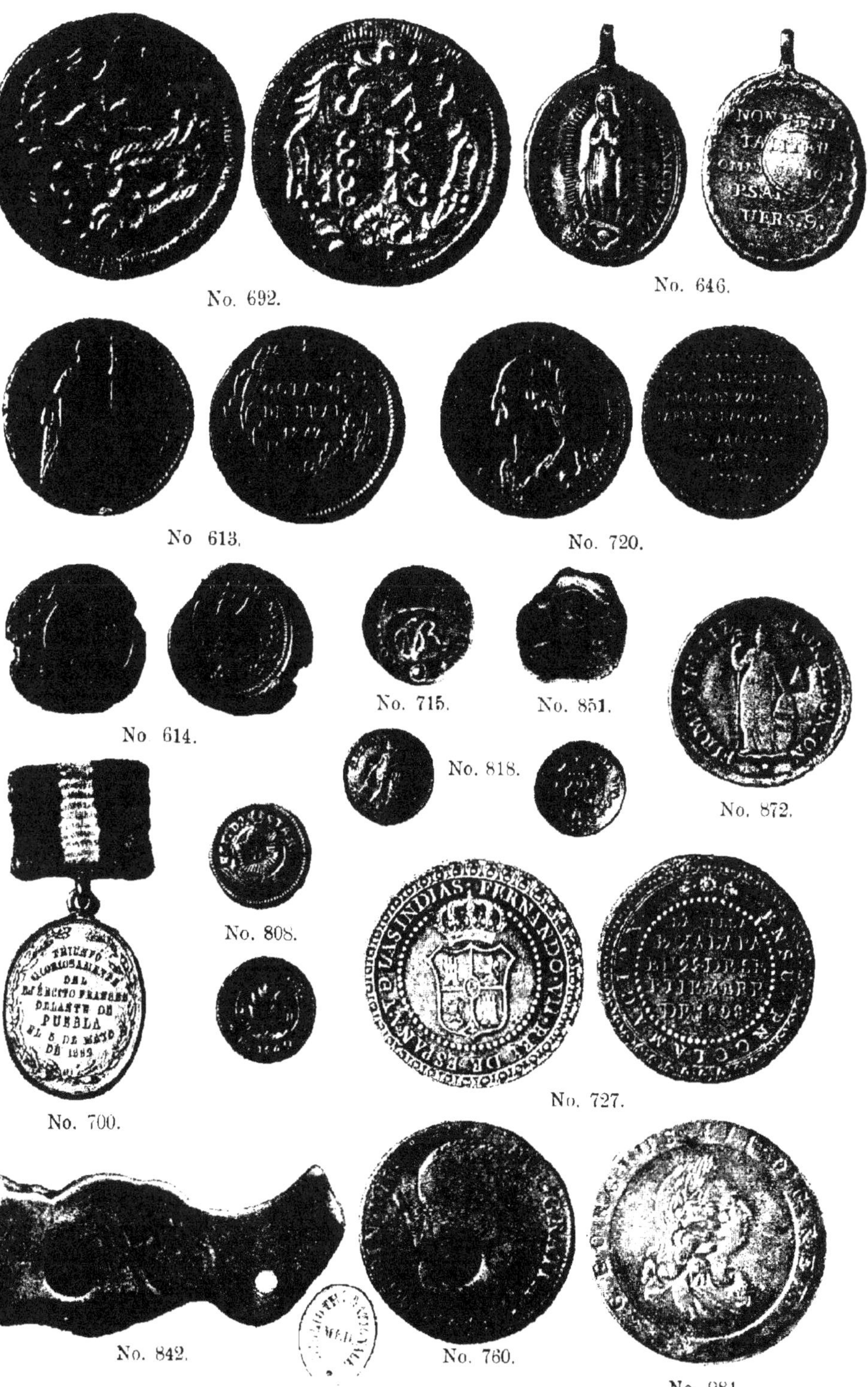

No. 692.

No. 646.

No 613.

No. 720.

No 614.

No. 715.

No. 851.

No. 818.

No. 872.

No. 808.

No. 700.

No. 727.

No. 842.

No. 760.

No. 981.

No. 878.　　　No. 870.　　　No. 880.

No. 882.　　　No. 861.

No. 884.　　　No. 922.

No. 892.　　　No. 961

No. 931.　　　No. 963.

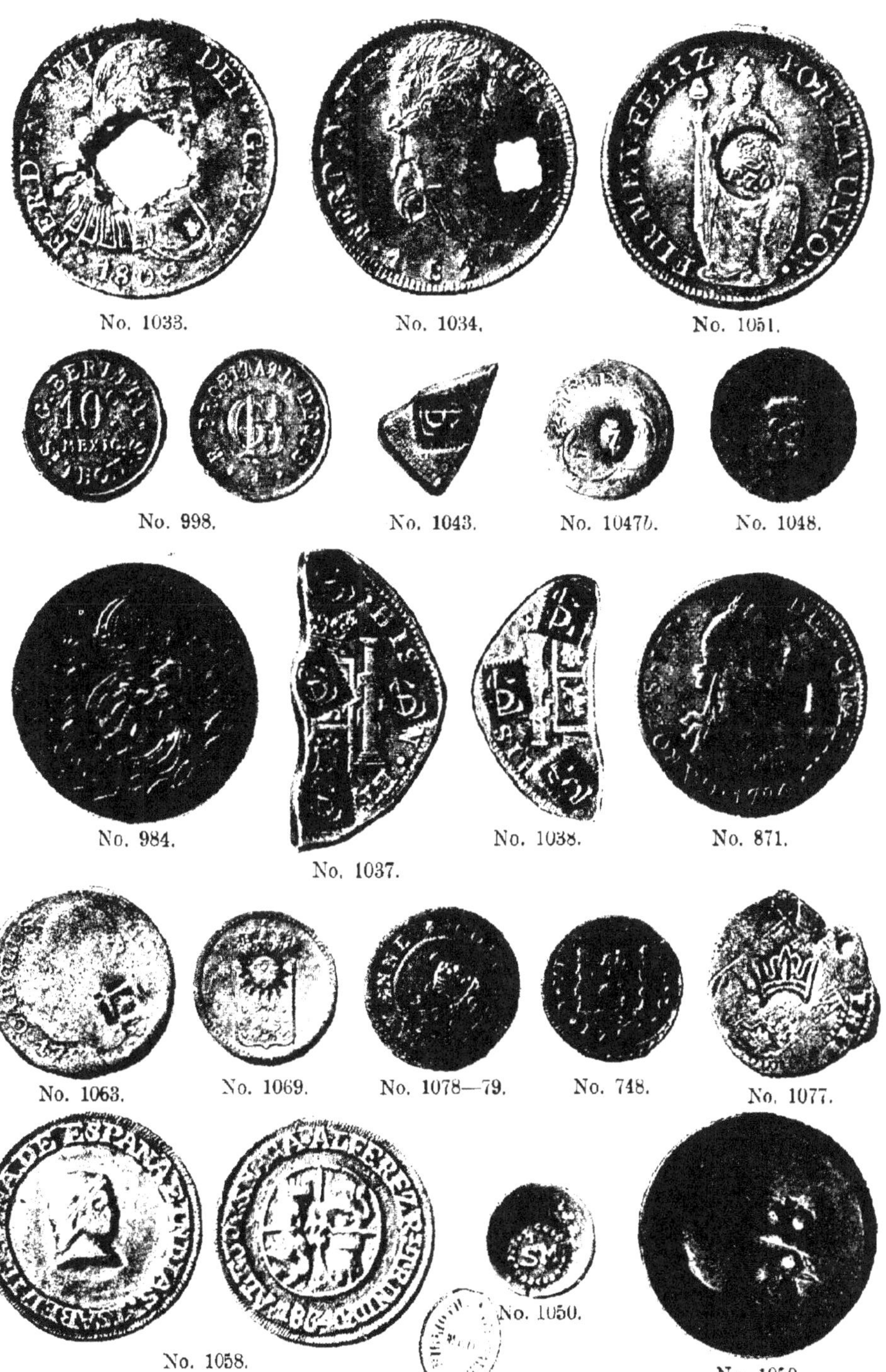

No. 1033.   No. 1034.   No. 1051.

No. 998.   No. 1043.   No. 1047b.   No. 1048.

No. 984.   No. 1038.   No. 871.

No. 1037.

No. 1063.   No. 1069.   No. 1078—79.   No. 748.   No. 1077.

No. 1058.   No. 1050.   No. 1059.

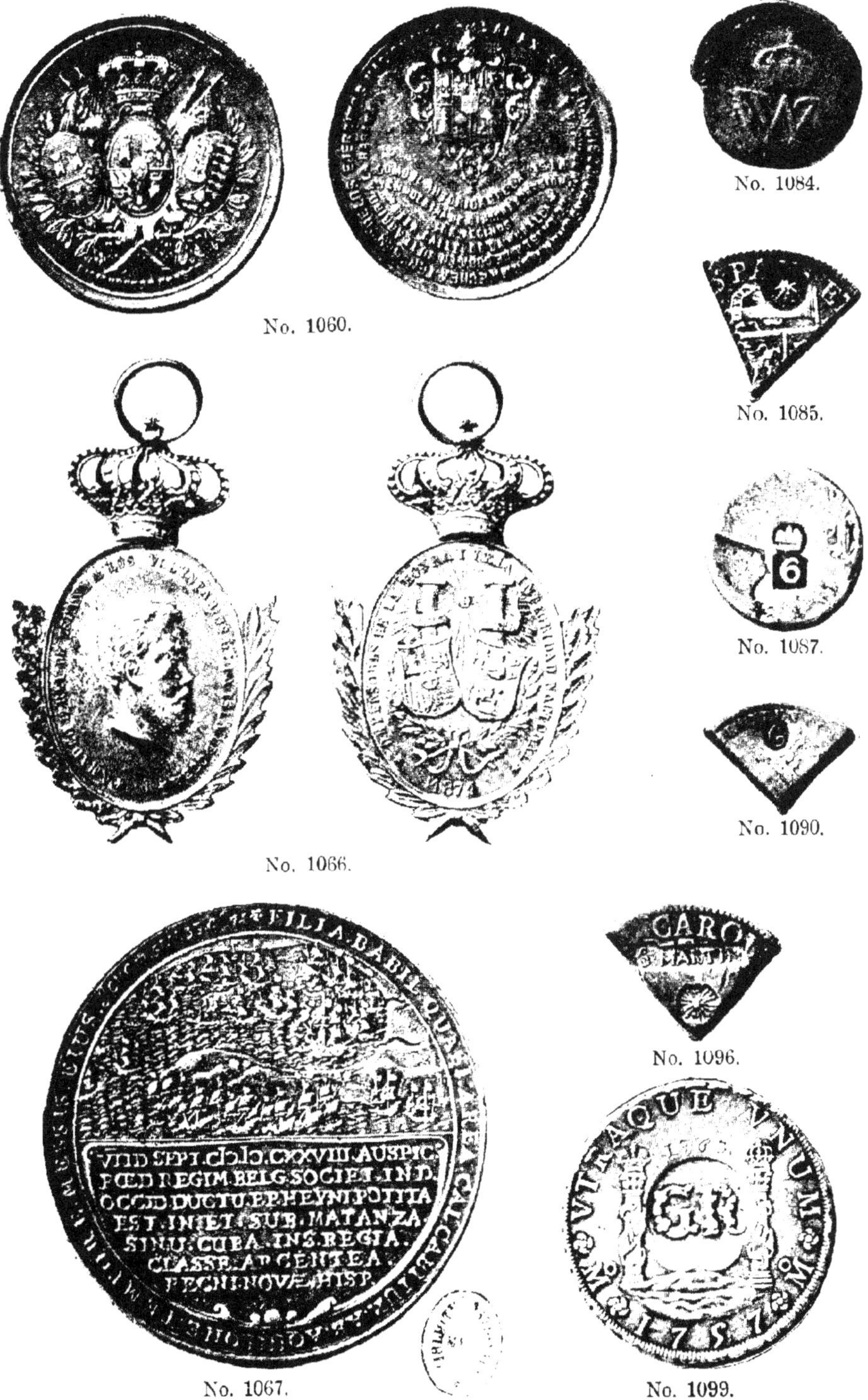

No. 1060.

No. 1066.

No. 1067.

No. 1084.

No. 1085.

No. 1087.

No. 1090.

No. 1096.

No. 1099.

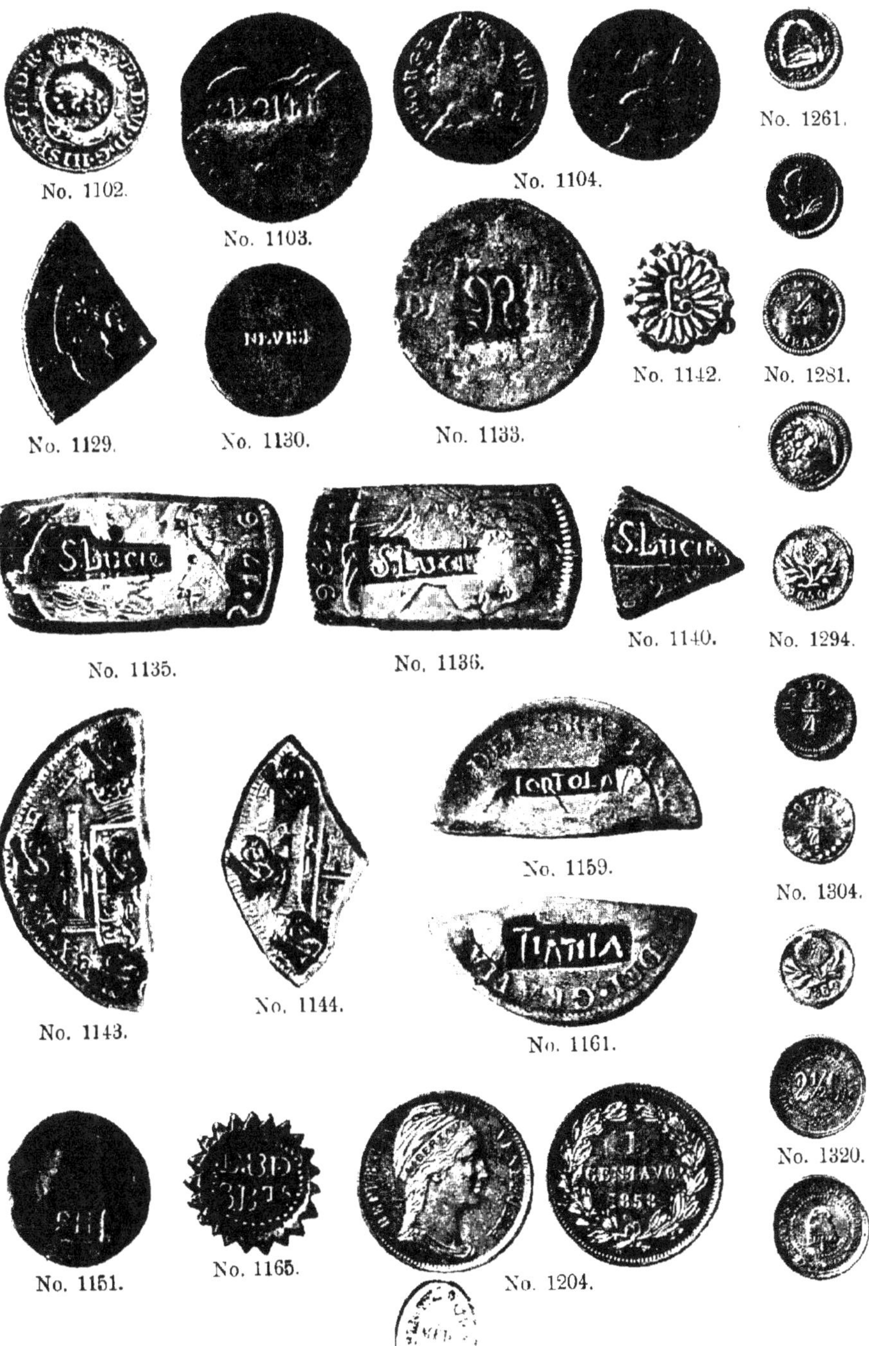

No. 1102.

No. 1103.

No. 1104.

No. 1261.

No. 1129.

No. 1130.

No. 1133.

No. 1142.

No. 1281.

No. 1135.

No. 1136.

No. 1140.

No. 1294.

No. 1143.

No. 1144.

No. 1159.

No. 1161.

No. 1304.

No. 1151.

No. 1165.

No. 1204.

No. 1320.

No. 1807.   No. 1856.   No. 1146.

No. 1815.   No. 1824.

No. 2030.   No. 2031.   No. 2127.

No. 1956.

No. 1942.

No. 1947.

No. 1207

No. 801.

No. 546.

No. 1209.

No. 1213.

No. 1277.

No. 1247.

No. 1248.

No. 1348.

No. 1308.

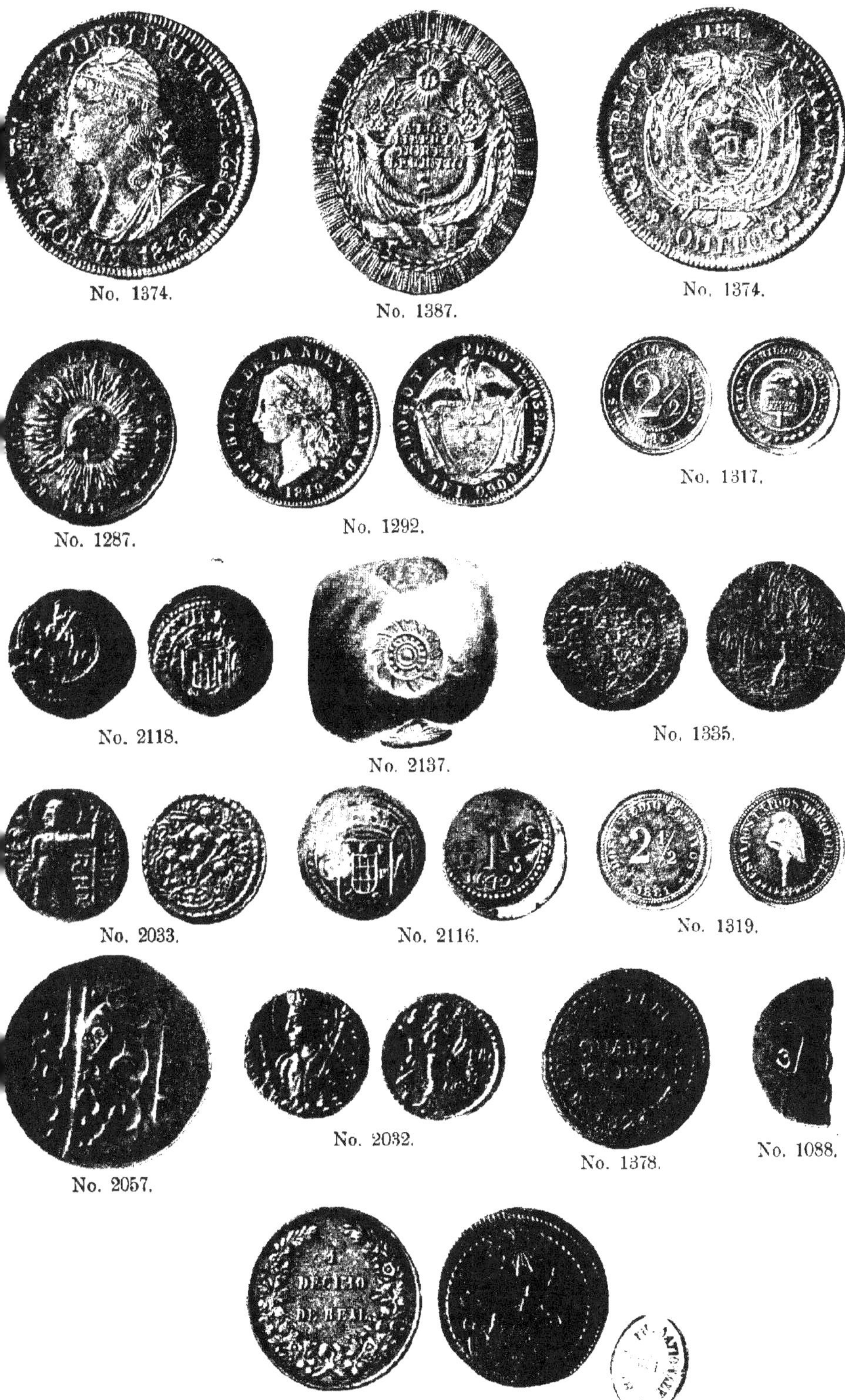

No. 1374.

No. 1387.

No. 1374.

No. 1287.

No. 1292.

No. 1317.

No. 2118.

No. 2137.

No. 1335.

No. 2033.

No. 2116.

No. 1319.

No. 2057.

No. 2032.

No. 1378.

No. 1088.

No. 1638

No. 1378.
No. 1701.
No. 1448.
No. 1421.
No. 1422.
No. 1615.
No. 1601.
No. 1625.
No. 1644.
No. 1719.
No. 1535.
No. 1406.

No. 1739.

No. 1738.

No. 1895.

No. 1737.

No. 1486.

No. 2024.

No. 1079.

No. 1903.

IMPRIMERIE A. J. MICHIELSEN, AMERSFOORT.